좋은 기억으로 내 삶을 채우고 싶어

내일이 두렵지 않게 오늘을 산다

김정현, 서향라, 오영주
위기은, 이서정, 홍지혜, 희주

| 좋은 기억으로 내 삶을 채우고 싶어
| 여는 글

 꽃이 피는 건, 어린싹이 건강한 땅을 만나 적당한 햇살로 포근해진 계절에 맑게 내리는 알맞은 비가 있기 때문이라 생각했다. 그리고 꿈을 꾸는 것도 꽃이 피는 것과 같다고 여겼다. 꿈꾸는 나이는 정해져 있고, 한 번 잊힌 꿈이 다시 살아나긴 어려우며, 이미 지어버린 꽃이 활짝 살아나는 것 또한 말도 안 된다고 그렇게 마음속에 묻었다. 그 마음은 메마른 땅이 되었다. 그러나 꿈이 원래부터 없던 것처럼 내 삶에서 완전히 사라져갈 때쯤, 갑자기 나에게 말했다.

"어쩌면 다시 시작할 수 있을지 몰라."

 우스갯소리 같겠지만, 이미 메마른 땅이라도 비바람이 불고 태풍이 한바탕 휩쓸고 간 흔적에 새롭게 피어난 꽃은 있었다. 그 꽃은 이전보다 더 단단하게, 어떠한 시련이 있어도 쉽게 꺾이지 않을 그런 뿌리를 내려 깊고 곧게 자란다.

이미 사라져 버린 꿈이라도, 좋은 기억으로 삶을 채운다면 더 깊고 곧게 피어날 수 있지 않을까. 그래서 오늘보다 빛날 수많은 내일을 향해 피어날 꿈을 조금씩 적었다. 무뎌진 마음에 파묻혀, 자랄 시기를 놓친 꿈의 씨앗에 물을 주었다. 그러자 마음에 품었던 기억이 글자가 되었고, 글자는 단어가 되고, 문장이 되어 이야기꽃을 피운다. 꿈을 꾸는 건 내 삶의 소중함을 알기 때문이라고, 맑은 하늘에 내리는 여우비를 시원하게 맞으며, 좋은 기억으로 내 삶을 채우며 산다.

"오늘도 멋진데, 내일은 더 멋지겠어, 우리!"

멋진 내일을 기다리며,
김정현, 서향라, 오영주, 위기은, 이서정, 홍지혜, 희주

좋은 기억으로 내 삶을 채우고 싶어

목차

9 ··· 그저 어울리고 싶은 마음 _ 이서정

23 ··· 나를 살아가게 만드는 희망들 _ 희주

41 ··· 너의 봄은 온다 _ 김정현

61 ··· 커피를 마실 때만큼은 느려도 괜찮아 _ 홍지혜

77 ··· 내 안의 바다를 찾아갑니다 _ 서향라

93 ··· 죽을 때까지 나는 현재 진행형 _ 오영주

109 ··· 끝이라 생각할 때 웃고 싶다 _ 위기은

그저 어울리고 싶은 마음

이서정

밝고 사람을 좋아하는 내향인. 인생은 짧으니 내 마음대로 살다 가겠다는 생각이지만, 나름대로 성실한 일상을 보내는 사람.

별날 것 없는 사람

꽤 오랫동안 나 자신을 단순하고 평범한 사람이라고 자부했다. 보편적인 생각과 둥글둥글한 성격을 가진 대한민국의 가장 보통 사람을 선발한다면 그건 아마 나일 것이라고, 그 어렵다는 중간을 해냈다고 믿었다. 인생의 어떤 순간에서도 더 무난한 길을 향해 나섰던 덕분일까. 남들 하는 만큼 공부해서 딱 중간 정도 벌고 있고, 결혼해서 애 둘 낳고 잘살고 있으니 말이다.

하지만 어느 날, 별안간 외로움이 마음의 문을 두드렸다. 그때의 감정은 외로움이 아니라면 괴로움이었을지도 모른다. 이유를 특정할 수 없이 눈물이 났고 소리치고 싶었다. 누구라도 붙잡고 한바탕 말을 쏟아내거나 종일 잠만 자고 싶기도 했다. 하루하루 험난한 곳으로 나를 몰아갔다. 막연하게 이 감정이 영원할 것 같아 가슴이 답답했다.

별난 것도, 별날 것도 없을 줄 알았던 나에게 놓인 이 공허함은 비로소 나 자신을 바로 볼 수 있게 했다. 친해지고 싶은 누군가의 마음을 살펴보듯 나를 관찰하고, 매일의 단상을 기록하며 회고했다. 깊이 잠들어 있는 나다움을 살리기 위해 마음이 시키는 대로 행동하며 누군가에게 의존하지 않고 결정하는 연습을 했다.

혼란한 시간을 뒤로하고 마주한 나는 기분 좋은, 낯선 모습이었다. 생각보다 더 엉뚱하고 별난 사람이었지만 나쁘지 않았다. 오히려 좋은 점도 보였다. 그동안 어째서 무난하고 남과 다를 것이 없다고 생각했던 걸까. 스스로 던진 질문에 곧 대답할 수 있었다.

"그저 남들과 어울리고 싶었을 뿐이야."

우리 사이 오래갈 수 있을까?

 성격이 밝은 나는 친해지고 싶은 사람에게 먼저 다가가는 편이다. 사람을 무척 좋아해서 종알종알 말을 늘어놓고 상대방이 받아들이기만을 초롱초롱한 눈빛으로 기다린다. 그런데 가끔은 미처 그러지 못하는 경우가 있다. 동경할 만큼 친해지고 싶은 사람의 앞에서나 잘 보이고 싶고 오래가고 싶은 마음이 앞서는 때에는 굳어버리고 만다. 가까이 다가가면 부담스러워 오히려 멀어지거나, 나의 결점에 실망할 수도 있겠다는 생각에 잘 다가서지 못한다. 그렇게 만들어진 벽은 아마도 다가오려던 이에게 상처를 주었을 것이다. 멀어진 사이는 좁히기 쉽지 않았다. 처음에는 서운함이 우선했지만 사실 다가가지 못했던 쪽은 나였으니 그저 마음이 아팠다.

 얼마 남지 않은 소중한 인연들은 더 오래 이끌어 가고 싶다. 욕심내지 않고 우선은 지금보다 딱 한 뼘만 더 가까워지면 어떨까. 돌이켜 생각해 보면, 나의 의미 없는 잡담에 맞장구쳐 주는 동료도 오랜만의 연락에도 반가워해 주는 친구도 어쩌면 나와 같은 마음일지도 모르겠다. 먼 훗날 다 같이 둘러앉아 즐겁게 대화하는 상상을 한다. 우리가 오래 함께하려면 어떻게 해야 할까.

만남을 기대해

 대학 시절, 유난히 많이 돌아다녔다. 나는 집이 거리가 멀어 띄엄띄엄 있는 강의들 사이로 일정을 빼곡히 채우는 것을 좋아했다. 짧은 여백은 교내 도서관에서 보냈지만, 긴 여유 시간은 봉사활동이나 과외로 채우곤 했다. 그러고도 남은 시간은 친구가 일하는 카페에서 시간을 보냈다. 그곳은 '대학로'라고 불리는 지역에 있었고 매일 있을지도 모를 약속을 그곳에서 기다리다가 친구를 만났다.

 커피와 읽을거리, 끄적이는 메모들까지 마음이 편해지는 카페에 앉아 여러 날을 막연히 설레었다. 오늘은 누구와 어떤 대화를 할 수 있을까. 나에게 어떤 기분 좋은 변화가 올까. 커피 한 모금과 함께 기대하는 마음이 가득 찬 어느 오후, 기분 좋은 대화 소리 너머로 커피를 추출하는 기계 소리까지 향기로운 커피 향과 함께 눈을 감으면 만남을 기대했던 그때로 돌아간다.

해결사가 필요해

 2021년, 우리가 다시 모일 수 있다는 희망이 보였던 10월의 어느 날이었다. 오랜만의 서울 방문으로 보고 싶었던 친구를 만났다. 신촌에 있는 패밀리 레스토랑에서 식사하고 소화도 할 겸 친구는 나를 경의선 책거리로 이끌었다. 걸으며 예상치 못하게 이상한 모습을 목격했다. 구급차에 실린 새하얀 청년과 전혀 급해 보이지 않는 사람들이었다. 그것이 의미하는 바를 곧 알 수 있었다. 누구인지 어떤 사연이 있었을지 전혀 알 수 없었지만, 그 장면은 꽤 오랫동안 머릿속을 헤집어 놓았다.

 그리고 2024년이 며칠 지났을 뿐이었다. 외롭게 떠난 사람의 소식을 듣게 되었다. 대화 몇 마디 나눈 것이 고작인 인연이지만, 너무 슬퍼 차라리 술을 마시고 싶었다. 아주 가까운 이가 떠난 것 같이 마음이 아팠다. 내 동생 같았고, 내가 도움을 주었던 학생 같기도 했다. 그를 대신해서라도 어딘가에 고립되어 외로이 있을 누군가에게 손을 건네고 싶었다. 내가 가진 모든 지혜와 용기를 끌어모아서 그들에게 도움이 될 만한 무엇이라도 만들 수 있다면 얼마나 좋을까.

 오래 유지해 온 공동체 문화가 빠르게 사라지고 있어서일까. 소외되는 사람이 많아짐을 느낀다. 공유하는 문화가 적어지고 같은 언어를 사용함에도 소통이 되지 않는다. 이런 단점들이 더욱 심해진 세상에서는 어떻게 타인과 의사소통할 수 있을까? 그 미래에서 청년으로 홀로 서게 될 우리의 아이들은 과연 버틸 수 있을까? 아마도 훗날에는 사람과 사람을 잇는 커뮤니케이터의 역할이 중요해지지 않을까. 마치 서로 다른 언어를 해석해 주는 번역사나 컴퓨터 프로그래머와 같이 소통을 위해 꼭 필요한 직업이 될 것이다. 통역도 코딩도 잘해주는 챗GPT가 있는 세상이지만, 사람을 키우는 것은 한 병의 우유보다 사람의 따뜻한 온기인 것처럼 궂은 세상에서도 살아낼 힘을 주는 것은 역시나 사람이다.

 지난날, 학습 봉사활동을 통해 도움을 주었던

학생들이 생각났다. 저소득층이나 부모를 잃어 위탁가정에 있는 친구들에게 연필을 쥐는 법부터 차근히 알려주었다. 항상 한 걸음 가까이 다가가 관심을 준 만큼 아이들은 몰라보게 자랐다. 그러다 한순간 그들의 인생에 깊이 관여되는 것이 두려워져 그만두었지만, 이제는 도움을 줄 마음의 준비가 되었다. 이번엔 나만의 언어가 아닌 문학 작품을 통해서 세상을 이해할 수 있도록 도와주려 한다. 각박해질 세상 속에서도 살아내는 힘을 아이들에게 줄 수 있고 또 더 살 만한 세상으로 변화할 수 있는 좋은 씨앗이 되지 않을까. 어떤 영향력은 의도와 다르게 좋은 결과만을 나타내진 않는다. 해결사가 되어 갈등에 처한 사람들을 직접 도와주고 싶지만, 나는 능력이 한참 부족하기에 그들 스스로 해결사가 되도록 힘을 실어주고 싶다. 물론 나에게도 해결사는 필요하다.

읽고 쓰는 삶의 이유

 매일, 명상하는 듯 마음을 잘 가다듬어 읽고 쓴다. 혼란한 마음 가운데에서는 잘 써지지 않고 읽히지 않기 때문에 조금씩 그렇게 나를 정돈해 나간다. 누군가의 말과 나에 대해서도 조금 더 이해할 수 있고 지나간 어느 날의 일이 어떤 의미였는지, 그 말속에 담긴 의미는 무엇인지 알아간다.

 처음 읽고자 했던 마음은 지금과 모습이 매우 달랐다. 그때는 지적 호기심과 허영심 그사이 어딘가에 있는 감정이 앞섰다. 솔직히 말해서, 아는 척 잘난 척하고 싶었다. 하지만 해가 갈수록 무엇보다 자기 자신에 대해 알아가는 것이 중요하다고 느꼈고, 나를 성찰하고 순간의 기분을 살피기 시작하면서 관심은 점점 사람을 향했다. 기분 좋은 변화였다. 어느덧 에세이와 소설을 즐기는 사람이 되어 글 너머 가려진 작가와 사람을 생각하게 되었다. 결국엔 쓰고 싶어졌다.

읽다 보니 쓰고 싶어졌다는 말로 간단하게 설명할 수도 있지만, 더 그럴듯한 답을 얻고 싶었다. 우선은 글을 쓰는 것에 대한 작가들의 생각을 찾아보았다. 읽어갈수록 더욱 글을 쓰고 싶어졌다. 다양한 분야에서 활약하는 작가들의 에세이를 찾아 읽어 내려갔다. 그리곤 어느 순간 깨달았다. 책 자체만큼이나 매력적인, 글을 쓰는 사람의 마음이 그동안 나를 당기고 있던 것이다. 그동안 그들을 동경하는 마음과 어울리고 싶은 마음이 나를 글쓰기로 이끈 것은 아닐까?

  2023년의 마지막 달, 연말의 분위기가 가득한 두 번의 저자 북토크에 다녀왔다. 에세이와 소설, 어둡고 포근한, 밝고 희망찬, 남과 여. 분위기도 장르도 모두 다른 두 작가였지만 저마다 다른 영감을 주었다. 그들의 이야기 하나하나가 소중했던 만큼 내가 가야 할 방향이 보였다. 매일 조금씩 마음을 가다듬기 위해, 사람을 이해하기 위해, 그리고 스며들듯 어울리고 싶어 오늘도 읽고 쓴다.

아무리 넘쳐도 모자란 게 사랑이라

내 성격 유형을 '따뜻한 로봇'으로 불린다. 마음은 따뜻하지만, 표현이 어색해서 그런지 자꾸만 삐걱거리기 때문일 거다. 그런 나의 어색함 때문에 감사하는 마음도 미안함의 표현도 모두 그대로 전해지지 않아 속상하다. 내 안에 가득한 사랑을 보여줄 수 없어 안타깝다. 가족에게 그리고 친구를 포함한 가까운 이들에게 매 순간 조금 더 표현하면 언젠가 전해질 수 있을까. 나에게는 아무리 넘쳐도 모자란 것이 사랑이다.

#먼 훗날 어느 하루

아직은 이른 시간, 작업실의 문을 열고 장작을 때며 하루를 시작한다. 적당히 작은 담요를 어깨에 두르고 안경을 올리며 요즘 관심 있는 책을 마저 읽는다. 난로 위에서 어느덧 끓여진 물이 담긴 주전자를 컵에 기울이고는 호호 불어 차를 마신다. 모두 희게 변해버렸지만, 빛이 나는 머리칼을 귀로 넘긴다. 사람들과 이야기하고 싶은 주제를 구상하고, 꼭 나를 닮아 색이 바랜 종이 귀퉁이에 적어 놓는다. 가득한 책만큼 영향력을 주고받아 같이 성장할 수 있는 사람들과 두런두런 이야기를 나눈다. 모두가 마음의 준비를 할 수 있게 되는 죽음이 존재할진 모르겠지만 무엇보다도 마지막 인사를 할 수 있는 시간이 있으면 좋겠다. 글로 충분히 남겨 두어 그렇게 죽음은 아름다운 날, 할 말을 가득 옆에 두고 평화롭게 갈 수 있다면.

"많은 사랑을 받은 사랑 많은 이, 여기 잠들다."

나를 살아가게 만드는 희망들

희주

겉은 얌전하나 속으로는 걱정과 불안에 휩싸여 조용한 날이 없다. 한때 불안을 없애려고 했지만 지금은 불안과 함께 사는 법을 연습하고 있다.

정년이 보장되는 직장, 보이지 않는 미래

난 이제 막 신규 딱지를 뗀 3년 차 공무원이다.

처음 발령된 팀에는 곧 정년퇴직을 앞둔 주임님이 계셨다. 모든 것이 어색하고 낯설었던 나에게 멘토로서 많은 도움을 주셨다. 어느 날 주임님이 이런 말씀을 하셨다.
"희주 씨는 이제 앞으로 30년을 더 버텨야 해."
처음에는 그저 정년이 보장되니 직장을 오래 다닐 수 있다는 말로 들렸다. 말씀하시면서 지었던 작은 한숨의 의미는 알지 못했다.

첫 부서를 거쳐 다음 부서를 옮기면서 위기가 찾아왔다. 이해할 수 없는 업무 지시, 막무가내인 의원 요구자료, 비효율적인 행정절차, 밥 먹듯이 하는 초과근무, 고생에 비해 적어 보이는 월급. 지금 가진 불만도 많았지만, 더 큰 두려움을 느끼게 만든 건 나보다 앞서 직장에 들어온 동료와 상사의 모습이었다. 아무도 사는 것이

즐거워 보이지 않았고 회사 생활이 힘들다고만 했다. 그러면서 여기가 가장 낫고 다른 곳으로 가기에는 너무 늦었다고 말했다. 앞으로 이들처럼 꾸역꾸역 버텨가는 내 모습이 그려지지 않았다.

 사무실에 있는 시간은 점점 더 지옥 같았다. 부서 사람들의 얼굴이 보기 싫어서 대화를 피했다. 하루 종일 직장에서 무의미하게 보내는 것 같아 새벽부터 자기 계발을 하였다. 능력을 중시하는 개발자로 이직하기 위해 코딩 공부도 해보았다. 그러다 정신이 잠깐 들었을 때, 내가 어디에도 소속되지 못한 느낌이 들었다. 만에 하나 이직하더라도 이곳처럼 적응하지 못하고 평생 떠돌며 괴로워할 것 같았다. 마음이 무너졌다.

 그리고 어쩌면 진짜 문제는 힘들 때마다 현장에서 도망치는 나에게 있다는 생각이 들었다. 직장상담센터와 정신과를 다니기 시작했고, 한 달 후 휴직을 냈다.

지난 날의 나를 찾아서

 휴직이 결정된 후, 노트 앱에 '자기 대화'라는 폴더를 만들고, 매일 아침마다 글을 쓰기 시작했다. 일기처럼 매일의 사건, 생각을 적기도 했지만, 또 다른 나에게 질문을 던지고 답변을 받아 적는 데에 온 힘을 다했다.

 직장상담 초반, 상담 선생님께 어떤 문제를 겪고 제대로 해결되지 않으면 부정적 관념이 형성되고, 계속 그쪽으로 사고의 흐름을 내어주면 다른 방향으로 생각하기 어려워진다는 말을 들었다. 그래서 주로 떠오르는 생각과 감정이 최초로 발생한 사건은 무엇이었는지를 찾는 것부터 시작했다. 하지만 또 다른 내가 호락호락 대답해 줄 리 없었다. 떠올리고 싶지 않아서 묻어둔 기억의 윤곽은 흐릿해서 분간하기 어려웠다. 과거를 떠올리려고 하면 눈물이 나오고 두통이 생겨 강제로 생각이 멈추기도 했다. 이 과정이 과거를 탓하여 우울을 심화하는 반추가 되지 않도록, 책과 상담을 통해 읽고 들었던 말들을 상기하며 자신을 세우려고 애를 썼다.

 노트에 미운 사람들과 누구에게도 말할 수 없는 부끄러운 생각들이 쏟아졌다. 겁이 많고 경계심이 많은 내가 한 마디라도 더 실토하도록 달달한 디저트를 사주고, 새로운 사람들을 만나 놀아보고, 괜찮다고 어색하게 위로도 했다. 또 다른 자신과의 관계가 경찰과 피의자의 관계처럼 느껴졌다.

화해, 그리고 다시 시작

피의자 심문 같은 '자기 대화'를 통해 자신에 대한 몇 가지 오해를 풀었다. 그중 하나는 '하고 싶은 것도 없고 할 의욕도 없는 수동적이고 무기력한 나'라는 오해였다. 지금까지 능동적으로 '하고 싶다'보다 '하기 싫다'는 수동적인 생각을 훨씬 자주 했다. 그런데 수시로 떠올렸던 '하기 싫다'에는 실제로 '해보고는 싶은데 잘 못할까 봐/남들보다 못할까 봐/할 여력이 안 돼서/남들이 이상하다고 할까 봐 못 하겠어.' 등의 이유가 많았다. 그것도 모르고 스스로를 삶의 의지가 없는 한심한 인간이라고 비관했다.

스스로에게 좋아하는 일이 무엇인지, 바라는 삶이 무엇인지 물어보기 전에, 그동안 오해하여 함부로 대했던 일들을 사과하고 싶다. 이제는 원망과 비난을 멈추고 자신을 따뜻하게 안아주려 한다. 두려움에 떨며 많은 욕망을 부정하고 살았던 과거의 나를 이해하며, 이제는 함께 하는 둘도 없는 친구가 될 것이다.

"그동안 고생 많았어. 다시 시작해 보자, 우리."

안정 vs 변화

 지금까지 겪었던 수없이 많은 내적 갈등 중 많은 부분은 안정과 변화 중 하나를 택하는 고민이었다. 해오던 대로, 지금 상황을 그대로 유지할 것인가, 어떤 변화가 있을지 모를 가능성을 선택할 것인가.

 내게 '행복'이란 안정과 평안이라는 감정을 기반으로 하는, 고요한 만족 상태이다. 문제는 확실함을 계속 누리고 싶은 나머지 지금 상황이 불만족스러워도 쉽사리 변화를 택하지 못한다는 점이다. 위험을 감수하면 내가 바라는 걸 이룰 수도 있는데, 불확실성을 줄이는 일에 집중해 선택의 폭은 좁아지고, '한다'보다 '하지 않는다'로 선택하고 만다.

 내가 바라는 미래가 어떤 모습이든 간에, 앞으로 변화가 필요하다는 사실을 처음 깨달은 날, 스트레스로 머리가 지끈거렸다. 내면의 누군가가 이렇게 속삭였다. '잘못되면 어떡하지. 설사 잘못되지 않아도 아무것도 정해지지 않은 삶은 견디지 못할 거야.' 그러나 그 속삭임 속에서 자신을 바꾸고 싶다는 목소리도 함께 들렸다.

 난 익숙함을 사랑한다. 하지만 변화를 충분히 견딜 수 있다. 나아가 내가 바라는 방향으로 바뀔 수 있을 것이다.

작은 실행

 변화를 선택하려면 겁먹은 마음을 바꿔야 했다. 어지간한 것은 감당할 것을 결심하면서, 생각보다 많은 것을 감당할 수 있다고 스스로를 되뇌었다. 가장 중요한 것은 실행하여 성취하는 경험이었다.

 옛날에는 하지 않았을 일 중 몇 가지를 시도했다. 글쓰기 모임에 나가서 사람들에게 작품을 공개하기, 자전거 타기, 지인 없이 러닝 동호회에 참여하기, SNS 계정 운영하기, 아이들 공부방 아르바이트 지원하기 등. 조금 더 스케일이 큰 실행도 있었다. 운전면허 취득이었다. 예전에는 운전하면 사람을 칠 것 같아서 절대 운전하지 않겠다고 단언했다. 그 공포를 확실히 깨트리려고 더 어려운 1종 보통을 도전했다. 운전 실습 전날 밤마다 속이 울렁거렸다. 어이없는 실수로 두 번째 기능 시험에 떨어졌을 때 그만 포기하고 싶다고 울부짖었다. 감독관의 합격 안내를 받고 마지막 시험장을 나온 날에는, 운전에 대한 두려움을 감당하고 끝까지 포기하지 않은 자신이 대견해서 또 눈물이 났다.

 운전면허처럼 잘 된 것도 있지만, 잘되지 않은 실행도 있었다. 꾸준히 하기로 마음먹었지만 결국 맛보기로 멈춘 것도 있었다. 하지만 실행함으로써 내가 갈 수 있는 세계는 확장되었고, 두려움으로부터 점점 자유로워졌다. 이제는 여유롭게 미소 지으며 말할 수 있다.

 "조금 못하면 어때. 하는 게 중요하지!"

자신만의 길을 개척하는 사람들

 휴직 후 오전에 '자기 대화'를 하고, 작은 실행을 위한 계획을 세웠다면, 오후에는 모임을 통해 새로운 사람들을 만났다. 직장이 아닌 곳에서 만난 사람들은 내게 신선함과 낯섦을 주었다. 그중에서 자기만의 길을 고민하고, 그 길을 만들어 가는 사람들의 이야기에 빠져들었다. 그들은 공통적으로 주변의 시선과 평가로 어려움을 겪었다. '허황된 것을 좇는 거다', '돈도 못 벌고 나중에 결혼도 못 할 거다', '저렇게까지 할 필요 있냐'라는 식의 반응과 마주할 때 그 말처럼 정말 자신이 망할 것 같고 포기하고 싶다고 말했다.

 내게는 좋아하는 일을 떠올리려고 하면 타인의 얼굴을 빌려 딴죽을 거는 자신이 존재한다. 사회에서의 성공은 정해졌다는 사람들의 말에서 태어났고 내면 깊숙이 뿌리박았다. 어느 날 모임에서 현재 상황과 고민을 털어놓은 적이 있었다. 모임 사람들은 자기들도 그랬다고 공감해

주면서, 그럼에도 지금 잘하고 있으니 자신을 조금 더 믿어보라고 격려하였다. 무거웠던 마음이 한결 가뿐했다.

 앞으로 내 주변에는 자신만의 길을 만들어가는 사람들이 많아졌으면 좋겠다. 각자 다른 길을 가겠지만, 마치 한길을 가는 것처럼 서로의 여정을 응원하고 도와줄 것이다. 그리고 우리의 길에 빛이 난다면, 길은 정해졌다고 생각하는 사람들이 깨달을 것이다. 세상에는 만들어진 길이 아닌 자기가 직접 길을 개척해서 가는 사람이 있다는 사실을.

내 안에 피어나는 희망

 지난 나를 돌아보고 새로운 실행을 결심하는 일이 순탄치만은 않았다. 그러나 하루하루는 평안하게 흘러갔다. 어느 날은 잠들기 전 하루를 되돌아보다 문득 '앞으로도 잘할 수 있을 것 같아'라는 생각이 들었다.

 그날 내 마음에 찾아온 자신감, 미래를 향한 기대의 감정은 낯설면서도 오래 간직하고 싶었다. 일을 쉰 후로 노력해 온 길을 인정받는 순간이었다. 꾸준히 자신을 규명하고, 시도하여 성취한 경험들과 타인에게 받은 응원이 희망이라는 이름으로 마음에 싹을 틔었다.

 만약 희망이 수학 공식이라면 희망을 이루는 독립변수는 상황의 유불리, 성취로부터 오는 자신감, 주변의 사랑과 응원, 그리고 긍정적 가치관이라고 생각한다. 비록 상황은 녹록지 않더라도 나머지 변숫값을 높여 단단한 희망을 가지고 싶다.

AI 만능 시대, 글은 내가 쓸게

 지난 추석, 챗GPT를 업무에 활용하는 법에 대한 강의를 들었다. 그때 강사님은 질문과 지시를 구체적으로 잘 내리면 챗GPT가 책의 내용과 구성, 표지까지 만들어서 훨씬 빠르게 책을 출간할 수 있다고 했다. 강의가 끝나고 혼란에 빠졌다. 챗GPT로 대중의 입맛에 맞는 글로 책을 뚝딱 낼 수 있는 시대에 직접 글을 쓰는 일은 시간 낭비처럼 느꼈다.

 하지만 빨리 책을 완성해서 내다 팔려고 글쓰기를 결심하지 않았다. 챗GPT가 따라 할 수 없는 나만의 글을 쓰고 싶다. 지난 나를 돌아보는 과정에서 작가의 내밀하고 솔직한 모습을 담은 이야기를 읽으며 다시 일어설 수 있었다. 다른 사람의 이야기가 내 안에 희망으로 바뀐 것처럼, 내 이야기도 사람들에게 의미 있는 변화를 주길 바라고 있다. 지우고 다시 쓰는 일을 반복하면서, 시간을 들여 한 문장 한 문장에 자신을 담아낼 것이다.

나 답게 살 때 가장 행복해

'어떤 삶을 살기 원하는가'라는 질문에 '나답게' 사는 것이라고 대답한다. 나다운 것이란 인생의 여러 고민에 대한 답이 내면에 있음을 믿는 것이다. 비록 미래에 대해 아무것도 모르지만 자신이 잘 가고 있음을 확신하며 전진하고 싶다.

하지만 구체적으로 무엇을 하며 살고 싶은지 물어보면 답을 하지 못한다. 직장을 다니면서 만족할 수 있는지, 좋아하는 일로 먹고살 수 있는지 등, 아직 많은 질문에 대한 답을 찾진 못했다. 그래서 종종 불안하다. 그저 지금을 충실히 살다 보면 언젠간 답이 떠오를 거라고 믿고 있다.

현재 내 안에서 답이라고 말하는 것들이 있다. 첫 번째는 할 가치가 있다고 생각하면 해보는 것, 두 번째는 꾸준히 글을 쓰고 책을 가까이하는 것이다. 우선 지금은 두 가지 답안을 중점으로 앞으로 나아가려고 한다. 이 답이 나를 행복으로 이끌어줄 것임을 믿으면서 한 발짝 내디딘다.

너의 봄은 온다

김정현

서울태생. 홀로 산의 향기를 맡아야 사는 존재. 머리를 짓누른 삶의 무게들, 걸으며 풀지 않으면 안 되는 그런 사람. 함박꽃의 향기를 사랑하는 로맨티시스트.

하루를 10년 같이

 가뜬한 몸을 일으켰다. 여명을 깬 오늘이 떠오른다. 창으로 햇살이 비껴들어 따스하게 비추고, 박새의 지저귀는 소리가 음조에 따라 시문을 읊조린다. 마당과 연한 창호 문을 여니 이른 해를 덧입은 연초록색 앞산이 행복으로 화사하다. 나의 하루는 주로 독서로 시작한다. 마루 의자에 앉아 신간 소설을 천천히 읽어 내려간다. 책을 더디게 읽을수록 감흥에 젖어 든다. 굳은 나의 사고가 명쾌한 문장으로 일깨워진다. 읽으므로 피어나고, 읽지 않음으로 시들어 간다. 허리가 뻐근해질 무렵, 빗자루를 야무지게 움켜쥐고 마당을 쓸어 나간다, 어질러진 마음이 청명하길 바라며. 어느새 바람이 연초록색 앞산을 휘돌아 내 오감에 스며든다.

 조각난 생각이 답답해서 산길을 올랐다. 오솔길을 지나, 등산로를 오르니 내면의 파편들이 모이기 시작한다. 난 홀로 산의 향기를 맡아야 사는 존재인가 보다. 머리를 짓누른 삶의 무게들, 걸으며 풀지 않으면 안 되는 그런 사람. 테르펜으로 회복된 나는 그루터기에 앉아 요즘 읽고 있는 책을 떠올렸다. 사색하는 이 시간이 행복하다. 책을 좋아하고 책 읽는 사람이 좋다. 책을 사랑하는 사람들과 커피 향을 나누며 책을 말하고 싶다. 지금 이 길도 소설 속 한 장소를 찾아 오르는 중이다. 그곳에 오르면 별 무리가 꽃을 수놓은 듯 아름답다고 하여 한걸음에 내달렸다. 그 밤에 난 무수히 떠 있는 별을 보았다.

채울 수 없는 날들을 세고, 오늘도 이렇게 아쉬움만 남는데, 다시 놓아야 하는 욕망의 하루는 내 약한 감성을 일깨웠다. 무수히 쏟아내는 별 무리로 하루의 끝자락을 수놓았던 그날, 채우고도 흘러넘쳤던 그 하루가 말했다. 오늘은 어때요? 돌이켜보니 별을 쏟아내던 그 밤에 난 '별을 말하고 노래하리라.'라고 다짐했다.

일 년 후, 가을 잎이 떨어지고 미련 따위 남기지 않고 빤한 얼굴로 겨울을 꿈꾸고 있었다. 세상사 미처 준비하지 못해 망설이던 나는 이제 준비 따위 던져버리고 까불거린다. 소설을 쓰고 에세이를 썼다. 창밖에 하얀 눈 내리는 들녘을 보며, 야생 꽃차 한잔 마셨다. 마음으로부터 한 문장이 흘러나왔다. "올해는 작년과 다르군."

내가 사랑하는 것은

 유년 시절 뛰놀던 집터가 재개발로 사라지고 흔적 없다. 내 기억 속 추억어린 날들이 사라졌다. 소슬바람 일던 날, 친구의 부름이 아직도 마음에 남았건만, 우정도 흔적 없다. 나를 낳아준 부, 모정도 이리 애절한데 세월 앞에 흔적 없고, 금이야 옥이야, 살펴준 자식도 속절없이 다 커버렸다. 내 남은 생이 이리 스러져가고, 다만 몇 권의 일기장만이 내 역사로 남아 꿈틀대고 있다.

 어느 센바람이 부는 겨울 끝, 봄비가 내렸다. 눈과 비를 유난히 좋아한 나는 회청색 창에 들이치는 비를 보며, 혼잣말을 되뇌었다. "지나온 세월처럼 오늘 비가 낭만적이다." 그 밤, 나는 꿈에 하늘로 돌아갔다. 아내와 딸은 내가 바란 대로 유해를 지리산 밑자락 작은 나무 아래 안장했다. "엄마, 아빠 수목 팻말에 뭐라 기록하지?" "아빠가 늘 좋아하던 거, '눈과 비, 책과 펜을 사랑한 낭만의 자유인, 하늘로 돌아가다.' 잘 가요,

당신." 꿈에서 깬 나는 단순했던 나의 삶을 생각했다.

 내 삶의 역사는 어디로부터일까. 아마도 하늘에서 시작되었을 것이다. "넌 어디로 보내줄까? 얼마 동안의 여행인가요? 긴 시간은 아닐 거야. 그래요? 그럼, 지구별로 보내주세요. 그래, 거기를 알아? 네, 아주 아름다운 곳이라고 들었어요. 즐거운 여행이 되거라. 다녀올게요. 지구별은 좋았니? 너무 행복했어요. 무엇이? 사랑을 했어요. 그녀도 조금 있으면 올 거예요. 많이 사랑했니? 나보다 더 사랑했어요. 슬픈 적은 없었니? 기억이 나질 않아요. 사랑한 기억만…나요."

 내가 선 이곳은, 알음모름하다. 내가 선 이곳은, 그다지 바람, 바람 없는 삶이다. 휘휘롭게 떠돌고 싶다. 타인의 시선 없이, 의지가 깃든 자유를 흠뻑 마시고 싶다. 나아가고 싶은데, 발이 움직여지지 않는다. 힘겹지만, 나아가야 하는데… 간절한 바람이었을까. 간절히 바라면 이루어진다고 하지 않았나. 어디선가 바람이 분다. 나를 밀어 앞으로 나아가게 한다. 머무는지, 떠도는

지, 흐리터분한 안개 속을 걷다가 선선히 부는 바람에 화들짝 놀랐다. 내가 원하던 바람이 불어왔다. 적요한 곳에서 의지가 깃든 자유, 글을 쓰고 그 글이 책이 되는 꿈. 나의 바람이 분다.

잔잔한 꿈의 기록들

 숲속 샘물 살얼음이 녹고, 골짜기 바람이 옅어지면 겨울을 지나 어름 진 시기가 온다. 작년이 올해와 다름없고, 올해가 내년과 다름없겠지. 하지만, 나의 소소한 바람은 궂은 삶이 나지막해지면 글을 쓰고 싶다. 우선, 벽소령의 달맞이를 기다려 나의 1년 꿈 농사를 빌어본다. 마음속 간직한 꿈, 이룰 수 없는 꿈인가. 책을 쓰고 싶은 나의 꿈. 올해는 달라지고 싶다. 영혼 속 일렁이는 감성을 잔잔히 글로 새기고 싶다. 하지만, 필력이 약하고 훈련이 부족하다는 생각을 지울 수 없다.

 20대 어느 날이었던가, 나는 교회당을 갔다. 그곳에서 아름다운 선율이 흘러나왔다. 한 소녀가 능숙하게 피아노를 다루고 있었고, 난 소녀에게 피아노를 배우고 싶다고 말했다. 소녀는 가만히 발밑에 댐퍼 페달을 보여주었다. 페달은 닳다 못해 칼에 베인 듯 깎여있었다. 난 그때, 적

잖이 충격을 받았다. 수련이란, 이런 모습이구나. 매일 조금씩, 멈추지 않는. 난 소녀를 통해 '고수'의 의미를 알았고, 매일의 훈련도 중요하지만, 고수에게 지도받을 것을 권고받았다. 올해는 담백한 글을 쓰기 위해, 운명의 스승을 찾으려 끼룩거리다 사뿐히 내려앉기를 소원해 본다.

나는 피아노 페달이 닳듯 연필이 닳기를 바라며, 정성껏 연필을 깎았다. 그 연필 한 자루를 쥐고 '꿈'이라는 단어를 끄적어 본다. 꿈이라는 한 글자가 나의 작은 존재를 두드렸다. 뒤틀린 생각과 정돈되지 않은 나의 가치관이 비명을 지르며 어우러진 문장을 만들었고, 그것들이 나의 존재로 들어와 나를 일깨웠다. 꿈이라는 한 글자가 나의 세상과 내 존재 모두를 정의하지 못한다고 할지라도, 다시 연필을 쥐고 쓰고 또 꿈을 적어본다. 연필이 닳고 닳을 때쯤, 희미하나 '꿈'이 나를 조금씩 흔들고, 세상과 존재의 문을 열기 시작했다.

회사 안 정원 중앙에는 함박꽃나무가 웃음 지

으며 서 있다. 습기를 머금은 산 중턱에 살아야 할 이 수목은 황량한 도시를 버거워한다. 그럼에도 매년 6월 이후 반짝 꽃을 피우며 고급 향기를 내뿜는다. 난 그가 틔우는 경이로움에 매번 취한다. 매일 아침, 미처 피우지 않은 함박꽃나무를 물끄러미 바라보며, 난 언제쯤 아름다운 자태를 틔울지 기다린다. 난 이 황량한 도시가 버겁다. 아니, 지금 하는 일이 버거워서 몸부림쳤다. 버거움을 벗으려 눈치껏 회사 사무실 책상에 앉아 시간이 주어질 때마다, 그렇게 책을 읽고 글을 썼나보다, 내 영혼의 함박꽃이 피기를 바라며.

시인의 꿈

 흰 눈발 날리는 겨울이면 어릴 적 겨울방학이 떠오른다. 따듯한 아랫목에서 단잠이 깬 아침이면, 엄마는 눈이 왔다며 밖에 나가보라고 하셨다. 어린 마음에 창호 문밖을 나서면, 하늘을 찢은 하얀 눈이 겨울 향을 풍기며 사르륵 내려앉았다. 맨손으로 눈을 뭉치다 시린 손을 비비며 현관에 들어서면, 엄마는 하얀 곶감을 몇 개 내어놓으셨다. 나는 맛나게 곶감을 먹으며 마당 앞 눈 내리는 정경을 하염없이 바라보았다. 눈에 담긴 겨울 눈을 보며, 나의 입술에서는 달싹달싹 무언가를 말하는 듯했다. 눈 내리는 정경을 시로 말하려 했을까.

 부엌 부뚜막 위에선 된장찌개가 보글보글 끓었고, 엄마는 아침밥 먹자며, 수저를 놓으라고 하셨다. 잔향이 피어오르는 밥은 빛깔이 좋았다. 두둑이 배를 채우고 나면, 영락없이 친구들의 부름이 있었다. 썰매를 타러 가자는 친구들을 따라 하루 종일 빙판을 지치고 나면, 을씨년스런 뒷동산에 올라 차갑게 굳은 땅을 밟으며 홀로 생각에 잠기곤 했다. 해 질 녘, 나는 집으로 돌아와 화목난로에 장작을 넣어 불을 지폈고, 서서히 타오르는 불의 잔향은 감성으로 피어올랐다. 이글거리다 지쳐 쓰러져가는 하얀 재를 보면서 시상이 일렁였고, 어둠이 드리워진 단칸 초막집은 시인의 꿈을 갖기에 부족함이 없었다.

청소년과 청년 시절에는 시와 소설을 읽었다. 흔들리는 촛불 하나 밝혀 세상사 픽션을 창조하는 꿈을 가졌다. 시와 소설을 읽으며, 감동이 일어나면 밑줄을 긋고 떠오르는 생각을 적었다. 감성에 젖은 글을 누군가와 나누고 싶었지만, 주변에 시를 말하고, 소설을 나눌만한 이가 없었다. 홀로 읽으며, 홀로 생각에 잠긴 채 외로운 길을 하염없이 걸었다. 시와 소설을 말하는 이들과 총각김치 하나 두고 잔을 기울이는 것이 지금 나의 꿈이다. 만나면, 아파트 시세, 자동차, 가진 것 자랑이 아닌, 가진 것이라곤 서러운 한뿐일지라도 긴말 없이 감성으로 글을 말하는 그런 사람과 어울리고 싶다.

봄을 사색하는 겨울

 회색빛 눈발이 흩날리는 겨울 즈음, 북현리 '굿나잇 책방'에 가보고 싶다. 그곳에서 '늑대의 은빛 눈썹'을 가진 은섭이를 만날 수 있을까. 그가 쓸고 닦은 책방 바닥을 물끄러미 바라보고, 그가 정돈 해놓은 손때 묻은 책장을 훑어보면, 그의 삶에 파고들 수 있을까. 창밖 어느 풍경에 그의 눈빛이 머물고, 어떤 음악을 들으며 커피를 내렸을까. 그의 꿈- 이야기는 무엇이고, -책으로 엮었을까. 그곳엘 가고 싶다.

 날씨가 좋으면 찾아오겠다던
 너의 편지 잘 읽었어.
 지난겨울 날씨가 안 좋아
 너의 편지를 못 받는 줄 알았어.

 이태원 하늘은 먼지가
 떠나지를 않았거든.
 얼마 전 너의 편지를 받는 날

겨울 하늘이 오랜만에 푸르렀어.

북현리의 겨울 하늘은 잘 있는지
굿나잇 책방도
은섭이와 해원이도 잘 있니.

"날씨가 좋으면 찾아가겠어요"라던
너의 목소리가 내 귓가에 들려.
네가 가진 '늑대의 은빛 눈썹'
잠시 빌려줄 수 있겠니.

꼬꼬댁! 알을 낳았나 보다. 목장갑 챙겨 문을 나서니, 어스름에 내린 눈이 발목을 감싼다. 닭장 춘심이 설한에 똥구멍이 얼 줄 알았는데, 바구니에 알이 제법 실하다. 싱그러운 몇 알 팬에 떨구어 익힌다. 시그리 AA 원두 향 곁들인 아침상을 나누는 사이, 통창을 비낀 햇살이 식탁에 비춘다. 여보, 행복하지? 응, 참 좋다. 오늘 뭐 하고 놀아? 그녀가 물었다. 썰매 타러 가자. 좋아! 우린 뽀드득거리는 눈길을 걸으며 둔 턱으로 향했다. 한나절 썰매를 타느라 옷이 다 젖은 우리 부부는 뽀송한 옷을 갈아입고 난로 앞에 앉았다. 타오르는 장작을 바라보니 몽환의 느낌이 들었다. 이렇게 평안히 사는 것이 꿈인지, 생시인지 모를 만큼 행복했다.

썰매 타느라 언 몸을 따스한 불 앞에 앉아 녹이는데, 그녀가 궁금한 게 있다며 물었다. 여보, '북현리'라는 곳이 있어? 아니, 없지. 그럼, '굿나잇 책방'은? 그런 이름의 책방도 없지. 근데, 왜 거기에 가고 싶다고 했어? 그곳은 말이지⋯ 소설 속 이야기야. 근데, 여보, '굿나잇 책방'과 닮은 책방이 있어. 크진 않지만, 꿈을 나눌 수 있는 책방, 꿈의 잔향이 피어오르며 가슴이 따뜻해지는 곳이야. 그곳의 순결한 책 향기를 맡아보고 싶어서 '굿나잇 책방'에 가고 싶다고 한 거야. 그곳에는 내 꿈 향기도 있을 것 같아. 그곳에 내 꿈이 담긴 책이 책장에 꽂혀 있는 꿈. 근사하지? 그럼, 언제 가볼 거야? 봄에 가자. 그래야 그 꿈이 책장에 꽂혀 있지.

너의 시절이 아쉽지 않은가 화려한 봄날을 기다리는가 놓지 못해 붙들고 있는가 아직도 너의 붉은 꽃을 피우지 못했는가 너의 선 자리는 어느 시절인가 바람이 일고 해가 사위어 간다 겨울이 지나면 다시 봄이 오겠지 내 것이라 할 것도 없다 나의 꽃도 한철 봄의 것이다 겨울 사윈 꽃대도 한철 피었으리라 지금은 겨울 즈음이라 겨울 동백꽃이 시들면 봄엔 벚꽃이 다시 필 것인가.

쉼이 필요한 이에게

 삶에 물린 나는 지리산 백무동행 버스에 몸을 욱여넣었다. 산 들머리에 이르러 헝클어진 장비를 정비하고 서서히 산을 올랐다. 오를 산은 버겁고 힘겨울 테지만, 시간은 충분하기에 느슨히 숲의 향기를 음미하며 걸었다. 가파른 곳에 이르러 잠시 배낭을 내려놓았다. 잠깐의 시간이지만, '쉼'은 내게 다시금 산정까지 오를 힘을 내어주었다. 조금 더 오르다 보니, 바람이 드는 계곡을 이은 산기슭에는 습한 기운이 있어 이끼가 화폭처럼 담겨있었다. 짙은 이끼를 바라보느라 멈춰 선 나의 숨 가쁜 걸음 앞에, 소슬바람이 선선히 불어와 땀에 전 온몸과 오감에 맞닿아 소멸하였다. 청정한 솔바람을 한껏 들어 마시니, 그동안의 매인 울타리를 벗어나 갈급했던 자유의 공간에 서 있다는 생각으로 행복했다.

 첫 샘물을 얻을 수 있는 참샘에서 갈증을 축였다. 얼마 지나지 않아 웃소지봉에 이르렀고, 우측 산 병풍과 맞닿은 청아한 하늘에는 신의 손이 일필휘지한 것처럼 뭉게구름이 피어올랐다. 산등성이를 걸으며 뒤따르는 발자국은 혼자였으나, 오감을 휘감는 기운은 혼자가 아니었다. 젊은 날의 내가 허깨비처럼 동행하고 있었다. 잎새에 이는 바람이 그의 숨결 같아 와락 끌어안고 싶었다. 인생이 미지했던 난 무슨 생각을 하며 걸었을까. 멋모르는 삶의 고뇌와 남몰래 간직한 아픔의 답을 찾으려 했을지. 아니면, 마음의 씻김을 경험했을지.

홀로 오름에 고단한 외로움이 시간 속에 깃들었다. 하지만 강박했던 세상 시간은 미처 따라오지 못할 성싶었다. 그곳에 있을 야박한 시간은 이곳에 오지 않았다. 그곳의 시간은, 그곳에만 있을 시간이었다. 이전의 괴롭히던 모든 문제가 한낱, 하늘 아래 티끌처럼 느껴졌다. 터벅터벅 느린 오름과 쉼은 나의 숨을 잔잔케 했고, '쉼' 없는 아첼레란도(점점 빠르게)에 쉼표를 찍었다.

오르고, 또 오르는 길이 힘겹다. 산은 낮은 산

이든, 높은 산이든 동일하게 힘들다. 마치 멜로디의 음률과도 닮았다. 쉽게 오르고 싶고, 조금 오르다 쉬고 싶은 마음이 한걸음 옮기면서부터 반응한다. 숨이 차오르고, 호흡이 엉킨다. 그저 행복하기만 한 음률은 없다. 지난날, 나는 폭넓고 여유로운 음률을 원했다, 쉼이 있고 빠르지 않은. 그러나, 잠시 아첼레란도 음률이 들려왔다. 돌아보지 못했던 삶이 '쉼' 없게 만들었다. 단지, 너무 슬프지 않을 '쉼'이 들어간 음률을 원했나 보다. 이렇게 '쉼' 없이 이어진다면 누구라도 지칠 것이다. 그저 '쉼' 이렇게 한 번이면 될 듯하다. 오를 수 없을 때, 기어이 올라야 하는 건 내 몫이기 때문이다.

 힘겹지 않은 사람이 누가 있으랴마는, 그들도 자신의 오름을 홀로 나아가는 중일 것이다. 오르다 보면, 여명을 깬 일출은 늘 산마루에 아득히 떠오른다. 떠오른 빛은 또다시 저물고, 오늘의 모습을 내일 다시 끌어올릴 필요는 없다. 오늘 빛은 그저 오늘만 비추일 것이고, 내일의 빛은 신생하는 빛으로 내일을 비추이리라.

커피를 마실 때만큼은
느려도 괜찮아

홍지혜

예술가와 사회인의 경계에서 캘리그래피 독학하며 그림 그리는 전시 작가. 아이스 아메리카노 한 잔에 일희일비하며 하루하루를 살아가다가 글이라는 이름의 미련을 함께 적기 시작했다.

커피와 유희하는 삶에 물음표를

 커피를 처음 마셨던 스무 살 무렵에는 몰랐다. 세상에는 정말 수많은 커피가 있다는걸. 요즘은 오직 커피를 마시기 위해 카페를 찾아보고, 가벼운 복장으로 밖을 나서는 날이 정말 많다. 그런 루틴을 십여 년간 종종 반복했다. 그러다, 새로운 갈증이 생겼다. 카페를 찾아가서 커피를 마시는 단순한 경험을 넘어, 새로운 곳을 가고 싶다는 것이다.

 '다음에는 어떤 풍경을 보게 될까?'

 이집트에 가서 나일강을 바라보며 마시는 커피 한잔을 상상한다. 이집트 건축물과 유물에 관련된 디자인이나 그림을 좋아해서 관련 전시회를 다녀온 적은 많았지만… 직접 보러 가고 싶다고 생각한 건 처음이다. 적응에 더뎠던 나로서는 장족의 발전이다. 물론 이집트 여행은 아직 나에게 정말 멀고 큰 꿈이다. 그래서 일단 당장에

갈 수 있는 곳을 찾아보기로 했다.

 '언젠가는 함께 일본으로 여행 다녀오자'라며 사촌 언니와 나눈 몇 년 전 약속은 지금까지 계획으로 이어지지 않았다. 대부분 사회생활 하느라 바쁘니까 어쩔 수 없다고 치부했다. 그렇다고 첫 해외여행을 혼자 다녀오기에는 조금 두려웠다. 그러다가 어느 날, 일본 여행 날짜를 맞출 수 있는 일행이 생겼다. 일행들 중 가장 계획적인 사람이 날짜를 맞춰보자고 하더니, 덥석! 비행기 표부터 예약한 것이다. 예약 전까지만 해도 당장에 여권을 만들 계획은 없었다. 결국 등 떠밀리듯 여권 사진을 찍으러 갔고, 구청에 들러 발급 신청까지 했다.

 목적지는 도쿄로 정했다. 하루에 한 동네 정해서 최대한 그 주변을 구경하며 다니는 쪽으로 이야기가 오고 갔다. 일행들에게 '나는 유일하게 첫 해외여행이니까 가급적 많은 사진을 남기고 싶다'라고 했다. 카페와 같은 특정 장소나 주변 풍경, 사물을 카메라에 많이 담고 싶다. 물론 그 핑계로 가는 곳마다 커피를 찾아 마실 요량이다. 다만 그렇게 사진들을 남겨서 언제 무엇에 어떻게 쓸지는 아직 모르겠다. 순수한 의문이 머릿속을 스쳤다.

'다음에 필요할 때가 올까?'

 돌아온 건 물음표였지만, 이다음에 다시 어떤 질문이 돌아올지 궁금해졌다.

계획적으로 나태한 사람

 나는 건강한가? 사람들이 가장 많이 묻는 안부이지만, 꽤 어려운 질문이다. 나는 잔병치레를 곧잘 하지만, 큰 병은 없었다. 건강해지는 방법을 인지하고 있지만, 많은 부분을 실천하고 있지 않다. 하지만 어딘가 조금 아프면 겁을 먹고 잠시 나태함을 멈춘다. 운동은 안 하는데, 계획적으로 오래 걷는 건 좋아한다. 스포츠를 즐기고(잘하고) 싶지만, 체질 이슈로 즐길 수 없었다. 경기 영상을 찾아보는 건 좋아한다. 종합해 보면 건강을 챙기며 산다기엔 상당히 애매하지만 꽤 평범한 삶이다.

 최근 텀블러, 빨대, 컵 홀더 등 일상에 필요한 제품을 다회용으로 교체하고 있다. 그러나 도시에 사는 사람이 365일 항상 다회용 제품을 사용하는 게 쉽진 않다. 다회용과 재활용 둘 다 중요한데, 물건이 필요하면 새로 구해야지 뭐! 이따금 여러 번 쓸 수 있는 건지 재활용이 되는 소재

인지 확인하며 구매하지만, 실상은 그저 다회용 아이템을 원하는 한낱 인간일 뿐… 나는 마침 내일 할 일이 떠올랐다.

'방 정리나 하자.'

 연말에 팬시 숍과 그림 창고를 섞은 듯한 방 구석을 일 년에 단 한 번이라도 정리한다면, 정말 멋진 새해를 맞이할 수 있겠다. 그런데 감기에 걸렸다. 연말을 거의 누워서 보냈다. 그리고 2024년 새해가 밝았다. 얼레벌레하다간 구정까지 날 쇠겠거니, 누워있으면서 걱정만 늘었다. 그렇게 지독하게 앓던 감기는 다행히 열흘 만에 항복했다. 잔기침이 조금 남아있어 마스크를 착용하곤, 열흘에 걸쳐 천천히 정리를 시작했다. 조금 느긋하게 정리하니까 오히려 컨디션 조절도 되고 뭔가 운동한 것도 같았다.

 '서두르지 않는 계획이란 이렇게나 마음이 편하구나.'

 신기하게도 정리가 끝나갈 무렵엔 잔기침도 몇

었다. 감기약에 항생제가 포함되어 있어서 끝까지 먹다 보니 약을 먹고 나면 졸리긴 했다. 대충 정리하다 만 느낌으로 끝내버렸지만… 얼추 끝내고 나니, 눈앞에 또 다른 태산이 가득하게 보인다.

'이제 옷장을 한 달에 한 칸씩 정리해 볼까?'

생각보다 더 작은 것에서부터

나는 하늘색, 파란색 톤이 포함된 것들을 자주 사용한다. 옷이던, 소품이던, 문구류 제품이던. 꼬까옷 입던 어릴 적 항상 어머니께서 빨간 구두에 분홍색 옷을 입혀 주셔서, 매일 입던 색감을 탈피하고 싶었던 작은 반항기였을까. 일찍이 분홍색이 물린 것 같다. 나름 다 컸다고 생각할 즈음에야, 하늘색만이 아닌 시시각각 변하는 수많은 색의 하늘 또한 좋아하게 되었지만. 그래도 여전히 하늘색이 가장 좋다. 내 멋대로 나의 퍼스널 컬러다.

비록 내가 가장 선호하는 색은 하늘색이지만, 미래의 내가 보는 풍경은 하늘색이 만연한 낮 시간대만은 아닐 것이다. 겉으로는 푸르른 하늘처럼 멋진 색의 날개를 갖고, 겹칠수록 맑고 밝아지는 빛의 삼원색이길 바라고 있지만… 시간이 더 지나서, 주황색 살짝 걸친 은색 빛이 돌면 참 좋겠다. 노을 지는 해변 또는 시골 언덕의 그을

린 초저녁 전경처럼. 공기 좋고 물 맑은 곳에서 내가 즐겨 마시는 아이스 아메리카노 한 잔, 맛있게 익은 토마토나 귤 한 봉지. 적당히 시원하고 정겨운 풍경을 담은 평범한 풍경 색. 아마도 이 색은 내가 바라는 미래의 내 모습이겠지.

 불과 몇 년 전까지만 해도 바라보는 모든 것이 그저 빛과 하늘 같았지만, 그렇게 생각하며 지내던 내 모습은 정작 원하는 것과는 달랐다. 주야장천 검은색 옷만 입고 다녔고, 학창 시절 그림은 항상 연필 스케치에서 끝났다. 채색이 가장 어려웠다. 검은색은 좋다. 편리하다. 가장 무난한 색이다. 시크해서 멋있다고도 생각한다. 그것이 옷이라도, 그림이라도, 모두 그렇다. 그런데 검은색만을 고집하니까 나도 그렇게 까맣게 물들었다. 아프다는 핑계로 스스로를 방치하고 혼자라는 틀에 가두기나 하는 고집불통이었고, 주변의 모든 감정을 쉽게 흡수하는 나무 같은 사람이었다. 만약 이 많은 특성을 다 없애고 단 하나 남길 방법밖에 없다면, 남아있는 하나도 남기려고 하지 않을 것 같다. 하나만 남기는 삶도, 하나도 남기지 않는 삶도 썩 내키지 않는다. 그래도 전자보다는 후자가 더 낫겠다 싶을 뿐이다.

 지금도 솔직히, 방향만 조금 틀었다. 예전보다 경험이 조금 더 쌓였고, 속력 조금 늦추고, 생각 조금 덜 하고 있을 뿐이다. 하지만 그렇게 작은 변화들을 천천히 저어주니, 쉽게 섞이지 않고 알록달록 예쁜 마블링 색을 만들더라. 내가 입는 옷과 그려내는 그림도 조금 덜 욕심내고 조금씩 변화를 주니까, 최근 접한 아이템들을 모아보면 참 알록달록하다. 심지어 최근에 '아픔'을 모티브로 그려낸 그림조차도 섣불리 많은 색을 쓰지 않고 조금씩 덧대어서 그런가 꽤 밝고 톡 튄다. 이런 변화가 나는 썩 마음에 든다.

지금 당장, 바로 내일

 쉬는 날 아침이 되면 느긋하게 일어나서 모닝커피 한잔하고, 배고플 때 적당한 양의 끼니를 채운다. 잠이 부족했다면 한 시간쯤 낮잠에 들기도 한다. 이렇게 에너지를 충족했다면, 오후엔 다시 에너지를 쓸 차례가 돌아온다. 새로 생긴 일정을 적어두기 위해 다이어리를 꺼내기도 하고, 예전에 봤던 드라마가 떠올라 그 자리에서 정주행을 시작하고, 음악을 듣다가 문득 태블릿을 꺼내 들어 캘리그래피 조금 끄적이다 보면 어느새 하루가 지나간다. 무언가로 하루를 채운 듯하지만, 어딘가 부족하다고 느낀다. 내일 하루 나에게 무얼 더 시켜야 만족할 수 있을까?

 요즘 실링 왁스나 데코덴을 활용한 취미 영상을 많이 본다. 숏 폼 채널에서 자주 발견할 수 있는 콘텐츠다. 메모하는 습관 이외에는 힘 많이 안 들이면서 두 손으로 아기자기하게 꾸미거나 그리는 활동을 선호하는 편인데, 예전부터 다이

어리 또는 탑 로더(포토 카드) 꾸미기 같은 취미는 자주 가져왔다. 이번에 연말연시 방 정리가 끝나서 공간이 조금 확보되면, 책상 위에서 부스럭 꼼지락할 수 있는 작은 취미를 조금 더 다양하게 가져보고 싶다.

 이렇게 뭐라도 새로운 것에 도전하고 싶다. 뒤늦은 후회 또는 결심이다. 어떤 상황에서도 유연하게 대처하려면 새로운 것에 적응하는 과정에 적응을 해야 한다고 생각했다. 올해 좋은 기회로 개인전도, 책도 냈다. 앞으로는 종종 여행도 다녀보고, 돌아올 그룹 전시에 내보일 새로운 그림을 연구하고, 새 직장도 구하고. 늘 새롭지만, 평범함을 벗어나지 않는 일이 되도록. 그런 꾸준함이 필요하다.

 '바로 내일 작은 모험을 시작하자!'

조금 느려도 나쁘지 않아

'내가 남들보다 먼저 꾼 꿈은 있었나?'

미래의 꿈이라면 '묘비에 적고 싶은 글귀' 정도로 질문해 볼 수 있겠다. 타인의 묘비는 물론이거니와, 내 묘비를 상상해 본 적도 없다. 아직 나에게 죽음은 조금 거리감이 있는 단어다. 그야 죽음은 늘 무서우니까! 물론 태어나는 순간부터 아주 조금씩, 서서히 죽어가는 것이 생명이라지만… 성격상, 나는 아마도 삶에 미련을 잔뜩 두는 말을 적을 텐데. 지금 딱 떠오르는 대목은 대충 이 정도다.

'사람들아, 나를 보러 왔으면 울기보다 웃으며 실컷 떠들다 가라. 그리고 가서 맛있는 밥 먹고 다시 너를 위해 살아라.'

무릇 사람이란, 종종 더디고. 서툴고. 솔직하지 못하다. 다만 사람이 갑자기 안 하던 일을 하면 얼마 못 간다는 이야기가 귀에 걸렸다. 큰 병 없이 장수하시다 돌아가신 우리 고모할머니처럼 나도 장수하는 게 가장 큰 꿈이기에 섣불리 큰일은 벌이고 싶지 않다. 나는 거기에서 생각을 멈췄다. 갑자기 무언가 도전하고 싶다고 해서 바로 실천에 옮겨버리는 용감한 인간은 아니니까, 그렇게 실험적인 행동을 할 성격이 아니란 걸 아니까. 그리고 정말 장수하고 싶으니까. 그래서 매번 타인보다 조금 느린 생각을 하고, 그렇게 삶을 살게 되는 것 같다.

그래서 떠도는 생각과 고민 사이에서 천천히 오래도록 머무는 삶을 살아가고 싶다. 그저 떠도는 삶은 뜻밖의 경험을 쌓을 수는 있어도 그만큼의 리스크를 동반한다. 겁보라면 쉽게 엄두를 못 낼 삶이다. 내 삶도 그렇다. 다만 지금은 너무 많은 것들을 알고 있고, 동시에 꽤 많은 것을 모르고 살아왔다고 생각한다. 그래서 예전보다 조금 더 계획적으로 헤매기로 했다. 떠도는 생각으로 고민은 하되 고민한 범위에서 머무는 삶을 살기로.

그렇게 나를 돌보았다면, 그제야 조금 더 나아가 시야를 타인이 있는 곳으로 넓힌다. 내가 하고 있는 일들을 한 걸음이라도 더 앞장서서 하고 있는 사람. 목표를 위해 걷거나 달리고 있는 도전자. 또는 나와 같은 모험가. 서로 오늘 점심 뭐 먹었냐고 물으며 소소한 일상 이야기를 나눠볼 수 있는 평범한 사람. 나이도 취미도 조금씩 다르지만 신기하게 대화가 이어지는 친구 같은 사람. 결이 비슷한 동네 사람. 같은 추억을 공유할 수 있는 동년배. 그러니까 내 말은 지금 곁에 있어주는 사람들과 앞으로도 친하게 지내고 싶고, 소중히 하자는 거다. 커피 한 잔 마시는 시간보다 조금 느려도 괜찮으니까, 천천히. 그리고 오래도록.

내 안의 바다를 찾아갑니다

서향라

고민이 될 때면 책을 읽는다. 그리고 사랑하는 세 아이에게 매번 새로운 힘을 얻고, 일상의 모습을 곱씹어서 글로 쓴다. 현실의 벽에 부딪히기보다 꿈을 향한 도전을 즐긴다.

내 안의 바다

내 안에 바다가 있다. 누구라도 쉽게 찾아오고, 볼 수 있는 투명한 바다가 있다. 어느 그릇이든 쉽게 담기는 조용한 흐름이다. 이 잔잔함은 무단한 노력으로 유지된다. 바닷속 꿈을 향한 다채로운 희망의 마음이 서로 부딪히지 않고, 현실의 시련이 내 마음의 지각변동이 되지 않도록, 보라색 멍든 깊은 골짜기에 묵직함으로 누르고, 희미해지게 한다. 그러다 실수로 생각을 놓치면, 주체할 수 없는 해일이 돼 버린다. 마음속 응어리짐이 속도를 내며, 내 마음속을 잠식하고 있다. 해일이라는 변화에 놀라지 않기를. 한가지의 마음이 깊어서 생긴 것임에 두려워하지 않기를. 이제 해일은 내 속에 용솟음쳐서 자유 날개를 달았다. 내게 누구인지 묻는다. "당신은 누구인가요? 당신은 어떤 도전을 하나요?"

끝없는 도전

 10년이 지나도 아니 그 이상이 지나도 변하지 않는 건 나에 대한 믿음이다. 좌절의 순간은 있을지언정 끝없이 도전할 거라 믿는다. 배움을 멈추지 않을 거다. 미리 걱정하다 보면 나만의 늪에 빠지므로 생각을 훌훌 털어 내 버리는 게 중요하다. 걱정되는 날일수록 더욱 하루하루의 일을 수행함에 애쓴다. 하지만 걱정이 현실로 다가오는 일은 왜 없겠는가. 다만, 걱정은 슬픔과 함께 곧 지나갈 것임을 알기에 나에 대한 믿음을 져버리지 않는다. 나의 곁에서 매일 자라주는 희망의 아이들이 있기에 난 오늘도 다시 무릎을 딛고 일어설 수 있다.
 20년 넘게 IT의 길을 걷고 있다. 프로그래머, 웹디자이너, 강사, 학원 원장. 20대 사회생활을 시작한 이후로 한 번도 쉬어본 적이 없다. 누가 시킨 것도 아니고, 등 떠미는 사람도 없었지만 일을 그만둔다는 것은 나의 성장을 멈추는 것 같아서 포기할 수 없었다. 프로그래머에서 웹디자이너로 전환할 때는 부족한 부분을 채우기 위해 모두가 퇴근한 후, 저녁을 먹고 다시 회사로 출근했다. 회사 근처 사우나에서 씻고, 다시 출근한다. 그렇게 하루를 온전히 투자하고 나면, 실력이 급속도로 능숙해지는 모습에 뿌듯해하며, 그 순간의 몰입을 즐겼다. 직장인이라는 안정성과 혜택으로 점점 새로움보다는 모든 것이 익숙해질 무렵, 나에게는 사내 강사라는 새로운 기회가 주어졌다. 그 당시 S 기업에서는 신입사원과 직원들 대상으로 E-TEST 시험을 보게 했다. 난 그 중 실기 과목인 웹 코딩 부분을 가르쳤다. 사내 웹디자이너 기술직인 내가 처음 나간 강의였지만, 어릴 적 방송반으로 단련된 실력이 발휘되었는지 대중 강의는 두렵지 않았다. 오히려 배움에 대한 강한 의지들이 나를 더 앞으로 나아가게 하는 원동력이 되었다. 그 뒤 5년 남짓한 안정된 직장생활을 그만두고, 본격적으로 강남 일대를 누비는 전문 강사 생활을 했다. 대형 학원, 직업학교, 대학교, TV 방송 출연 등. 오랜 강사 생활에 결혼도 늦은 나이가 되어서야 하게 됐다. 첫아이를 가진 만삭의 순간에도 난 강의와 직업을 놓고 싶지 않았다. 프리랜서로 일할 때는 아이를 유모차에 태우고, 회의에 참석하는 유별난 엄마였다.

그렇게 나에게 집중되었던 삶이 변하게 된 건, 아이의 갑작스러운 폐렴으로 인한 입원과 메르스라는 전염병이 유행하면서부터다. 나는 더는 직장을 다닐 수 없다는 것을 깨달았다. 내가 취할 수 있는 최선의 선택은 무엇일지를 고민했다. 결국, 내 아이와 함께 시간을 보낼 수 있는 장소에서 일하자고 결심했다. 아이가 언제든지 올 수 있고, 배울 수 있는 학습 환경을 만들기 위해 학원을 시작하기로 마음먹었다. 이제 학원 사업을 시작한 지 7년이 지나고 있다. 이 기간 코로나와 같은 다양한 변수에도 굴하지 않고, 세 아이의 엄마로서 디지털노마드의 꿈을 다시 키웠다. 모든 일에 있어서 아이와 함께하는 삶을 선택하고, 그 속에서 책을 쓰고, 그림을 그리며 나 자신을 잊지 않기 위해 끝없이 도전하고 있다.

루틴루틴루틴

 머물고 싶지 않다. 오늘의 현재는 내일이면 다른 삶으로 바뀌어 간다. 하루 동안 도전할 계획을 다짐하고, 하나둘 실행해 본다.

 독서와 운동, 글쓰기 인증. 소소한 것도 강력하게 제한을 걸지 않으면 자꾸 해이해지기 때문에 늘 해야 하는 일 앞과 뒤에 도전할 것들을 배치해 본다.

 매일 막내를 어린이집에 등원시키고, 바로 댄스 학원으로 간다. 수영과 요가도 좋아하지만, 나의 정적인 생활과 반대인 댄스는 딸들과의 공감대도 형성되고, 흥이 넘치는 사람들과 1시간 30분이라는 고강도 운동을 끝내고 나면 몸과 마음은 날아갈 듯 개운해진다. 운동 후 챙겨 간 책을 들고, 카페에서 1시간 이상의 독서 시간을 가진다. 어느 때보다 나와 책에 몰입되는 시간이다.

 또 다른 방법 실행력을 높이는 방법은 벌칙금이 따르는 미션 인증이다. 함께하는 이들에게 내 목표를 공표하고, 운동과 책을 읽었다는 인증도 미션을 통해 채워간다. 글쓰기는 알람을 맞춰 놓아서 동일한 시간대에 쓰고 있다. 글쓰기 주제가 정해져 있다면 깨어남과 동시에 확인한 후 틈틈이 쉬는 시간에 그 글에 대해 생각해 본다. 그리고 정해진 시간에 속도를 내서 쓰고, 매일의 루틴을 지킨다.

 똑같은 하루의 일상이어도 책과 글쓰기로 성장하고 있다. 책과의 사유를 통해 내 생각은 달라지고, 묶여 있는 몸과 달리 나의 꿈은 점점 확장된다. 물결 속에 물감이 퍼지듯 그렇게 달라지고자 한다. 물론, 아이가 아프거나 사고라는 변수는 생길 수 있다. 이럴 때는 모든 계획에 얽매이지 않고, 현재 내가 할 수 있는 가장 작은 일을 한다. 그리고 잘 이행했음을 꼭 확인하고, 칭찬의 글도 잊지 않는다.

쉼의 마법

 연말, 새로운 해를 맞이하기 위해 마음이 바쁘다. 계획된 일을 마무리 짓느라 더욱 조급해진다.
 그러다 예상치 못한 아이와의 신경전으로 약속이 펑크 났다. 갑자기 찾아온 공백시간. 벤치에 앉아 겨울 햇살을 맞으며 지나가는 사람들과 자전거의 그림자를 바라본다. 목적지를 향해 움직이는 그림자들이 내 시야를 스쳐 지나간다. 나의 그림자는 어떤 모습이었을까? 나의 일정에 맞추기 위해 아이의 느림을 재촉하는 검은 까마귀이었을까? 아이의 눈물은 기다려 주지 않는 엄마를 그리워하는 마음이었다. 나의 욕심이 아이에게 상처를 주었음을 깨달았다. 나의 속도가 중요하듯 다른 이가 숨 고르고 있음을 잊지 말자. 우리에게는 쉼이 필요했다.

엄마는 꿈을 포기하지 않아,
너와 함께 꿈을 꿔

　도전은 꿈에서부터 시작된다. 엄마가 직업이 된 순간, 엄마는 아이와 함께 미래를 꿈꾼다. 혼자일 때보다 꿈으로 가는 길은 험난하다. 한 번에 가는 길이 아닌 돌아서 가므로 지루하고 오래 걸린다.

　엄마가 아닐 때는 시간이 나의 의지로 어느 정도는 맞출 수 있었다. 하지만, 아이를 키우다 보면 의도치 않은 일이 생긴다. 아이가 없을 땐 용서할 수 없었던 약속의 이탈도 생긴다. 치욕스럽지만 그래도 그게 내 삶이다. 조금 더 시간을 비우기로 했다. 그리고 지금 할 수 있는 일을 하기로 했다. 그래도 날 위해 기다려주는 이들을 위해. 다시 힘을 내서 일어나는 수밖에 없다. 굴곡에 넘어져 봤으니 얼마나 아팠겠는가? 이 모든 시련들이 단단함으로 쌓여서 다음번에는 굴곡의 산을 점프할 수 있을 만큼 마음 근력이 키워진다. 경험치가 쌓일 것이다. 안 해 본 이보다는 더 수월히 해낼 수 있다. 나를 향한 도전에

열정을 품을수록 꿈에 더 다가갈 것임에 분명하다. 갈망할수록 원하는 목표는 뚜렷해지며, 꿈을 포기하기보다 소중한 아이와 함께 꿈을 이뤄 나가는 엄마의 길을 가고자 한다.

물리적 시간은 홀로일 때보다는 확실히 줄었지만 아이는 나에게 열심히 살 수 있는 충분한 동기부여로 언제나 새로운 자극이고 삶의 원동력이다. 느려도 어제보다 오늘이 낫고, 낙숫물이 바위를 뚫고 변화를 이뤄냄을 알고 있다. 나의 노력 모습이 아이에게 성장의 모습으로 기억되기를 바라며, 엄마의 소홀함이 아픔이 안 되도록 아이의 꿈의 동반자가 되어 같이 헤쳐 나간다.

아이들이 꾸는 꿈과 일상을 담아 그림으로 담고, 글로 기록하는 작가가 되기를 꿈꾼다. 열심히 산 나와 아이들에게 기억이 될 선물을 주고 싶다. 포기하지 않고, 열심히 산 엄마의 모습으로, 아이의 인생에서 시련이 닥쳐왔을 때, 그 모습이 힘이 되어주길 바란다.

내 옆에 잠든 아이에게 속삭여 본다.

"전 당신의 열렬한 팬입니다. 당신이 어떤 모습으로 자랄지 어떤 능력을 갖췄는지 매 순간 궁금합니다. 그러다 당신의 생각을 듣게 된다면 전

당신의 꿈이 이뤄지는 모습을 끝없이 상상합니다. 이렇게 신기한 일이 또 있을까요?? 당신의 언변은 매일 아침이면 급속도로 늘어나고 있습니다. 이 신기한 이야기에는 귀를 쫑긋 세우고 집중해서 들을 수밖에 없습니다. 전 그런 존재, 당신의 엄마입니다."

또 다른 꿈

 연극 배우가 되고 싶다. 한 사람의 미래를 살고 그 인생에 맞춰 고민하고 열정을 토해내는 배우가 되고 싶다. 생각해 보면 고등학교 방송제 때 모노드라마를 해본 적이 있다. 집중된 그곳의 분위기는 내 목소리와 감정의 변화에 따라 시시각각 달라졌다. 그 찌릿찌릿 느꼈던 희열이 그리워진다. 관중과 하나 되어서 기쁨과 슬픔의 감정을 나누는 그 공간의 매력이 그립다. 배우가 흥에 못 이겨 무대를 뛰어다니듯 인생의 무대에 격렬히 춤을 추고 싶다. 죽음의 순간은 누구나 찾아온다. 내게 주어진 시간 안에서 한 사람의 미래를 살아 볼 수 있는 연극 배우를 꿈꾼다.

죽음에 대한 생각

 죽음을 생각하면, 가슴이 아프다. 남겨진 이들에 대한 준비가 아직 안 되어 있기 때문이다. 사랑을 더 주고 가지 못한 것에 대한 미련이 남지 않는 죽음. 그게 내가 바라는 죽음이다. 적어도 나의 죽음으로 사랑하는 이들이 아파하거나 삶의 의욕을 빼앗고 싶지 않다. 나를 기억함에 따뜻함이 묻은 아련한 추억으로 다가가 외로움에 힘이 되어 주고 싶다.

 나의 삶은 이미 미니멀로 향해 있고, 미니멀의 기준은 꼭 필요한 삶의 인연들의 필수품이다. 인연들이 남기고 간 것들. 그들과 함께 위한 것들. 이 모든 인연이 끝나는 날. 새로운 탄생을 위해 쓸모없는 미련으로는 남고 싶지는 않다. 새로 살아 주었으면 한다. 사랑하는 이들에게 슬픔으로 남지 않기를 바란다.

 죽음이 다가왔을 때, 난 얼마나 그동안 내 길을 걸어가고 끝을 맺었을까? 혹 남의 길을 좇느라 인생의 시간을 허비하지 않았을까? 대체할 수 없는 인생인데 다른 이의 삶의 그림자만 쫓으며 허덕이고 살고 싶지 않다. 죽음을 생각하면 가슴이 아프지만, 남은 인생을 후회 없이 즐겁게 보내고자 한다. 내 안의 바다를 찾아 떠나는 여행을 끝까지 완주하러 간다.

나의 마지막 기록에 이 글이 남길 바라며….

"즐겁게 지내다 갑니다. 그동안 감사했어요."

내일이 두렵지 않게 오늘을 산다

내 안의 바다를 찾아갑니다

죽을 때까지 나는 현재 진행형

오영주

하루하루에 치여, 아직 완전히 성장하지 못하고 겉만 자란 어른. 내향적이고 눈물이 많아 표현이 서투른 사람. 감정 표현이 말보다 글이 편한 사람. 그래서 나는 글을 적는다.

매일 꾸는 행복 #꿈

 꿈이라는 이야기는 어릴 때부터 지금까지도 언제든지 툭 튀어나오는 어려운 주제다. 나의 꿈은 뭘까 고민하다 보면, 가끔씩 어릴 적 기억이 떠오를 때가 있다. 그때의 나는 지금의 나를 보고 뭐라고 할까. 이런 어른이 될 거라고 꿈이라도 꿨을까.

 나도 한때는 장래 희망이 있었는데, 지금은 그냥 꿈만 꾸는 하루살이가 되었다. 어릴 땐 화가, 간호사 등등 되고 싶은 것이 많았다. 그러다가 모든 걸 잘하는 만능이가 되고 싶다는 생각까지도 했다.

 하고 싶은 것, 가고 싶은 곳도 많았다. TV에서 본 멋진 여행지도 가고, 시원하게 번지 점프도 하고, 놀이공원의 높고 빠른 놀이기구도 타고, 커다란 관람차를 타서 내려다보이는 예쁜 풍경도 보고 싶었다. 사람들이 살면서 꼭 해봐야 한다는 그런 것들은 필수인 것처럼 나도 경험해 보고 싶었다.

인간은 나이를 초월해서 즐거움과 행복을 추구한다고 한다. 근데 갈수록, 아직 경험해 보지도 않았지만 하지 않아도 괜찮은 게 늘어가고 있다. 아는 게 많아질수록 겁이 늘어간다. 점점 생각과 마음이 달라지고 끝내 몸으로 좌절을 경험하기 때문이다. 그래서 한 살이라도 젊을 때 경험해야 한다는 걸까.

지금 다시 꿈을 정의한다면, 결국엔 행복한 삶이다. 그래서 앞으로의 나의 꿈은 어제보다는 더 나은 오늘을 만들기다. 어릴 적 꿈을 지켜내진 않았지만, 그 또한 다시 하고자 하는 마음이 생긴다면 새로운 꿈이 될 테다. 하지만 지금은 하나의 기억일 뿐이다. 지금은 하루하루 좋은 기억을 만들기가 꿈이다. 소소하게라도 행복을 찾고 만들면서 매일 꿈을 이루고 말 테다.

나는 언제 완성될까 #성장

 태어났으니 그냥 살아간다고 말하는 사람들도 있겠지만, 내가 원치 않았던 삶이라도 어떤 내가 될지는 스스로 정하면 되지 않을까. 살아가면서 주위 사람에 영향을 안 받을 수는 없다. 하지만 내가 선택할 수 있다. 어떤 사람이 되느냐, 어떤 존재로서 살아가느냐는 모두 나에게 달려있다. 어려서부터 부모님은 항상 얘기하셨다. 남에게 피해를 주느니, 내가 조금 더 손해 보는 게 낫다고. 갖고 싶다고 다 가질 수 없고, 하고 싶다고 모든 걸 할 수는 없다고. 내가 노력을 해야 원하는 것을 얻을 수 있다고. 그러다 보니 자연스럽게 자제하고 참는 사람이 되었고, 다른 사람을 먼저 살피고, 나의 의견은 나중으로 미루는 사람이 되었다. 어떻게 보면 배려를 잘하는 사람, 어떻게 보면 우유부단한 사람으로 보일 것이다. 욕심을 아예 안 부렸던 건 아니지만, 모두와 내 마음의 평화를 위해 남을 먼저 배려하는 걸 택할 뿐이다. 그렇게 나는 지금의 어른이 되었다.

그런데 왜일까. 시간이 흐를수록 점점 감정을 숨기는 게 어려워지는 것 같다. 나이가 들수록 익어가는 벼처럼 숙일 줄 알아야 한다는데, 짜증이, 화가 늘고 있다. 갑자기 이제까지의 나에 반발심이 들 때가 있다. 그것은 내 감정에 점점 솔직해지고 나다워진다는 증거일 텐데, 좋지만도 않다. 몇몇 사람들은 나에게 갑자기 왜 그러냐고, 사람이 변했다고 한다. 드러내지 않던 것을 드러냈을 뿐인데, 가끔은 의도치 않게 대역 죄인이 될 때도 있다. 예전처럼 계속해서 참고, 담아 삼켰으면 이런 얘기는 듣지 않았을 텐데, 서로 기분 상하지 않았을 텐데라는 생각이 들 때도 있다. 솔직해질수록 상처받을 용기 또한 필요한가 보다.

나는 여전히 나라는 사람을 만들어 가는 중이다. 아직까지도 여기저기 휘둘리고, 여전히 상황에 따라 감정을 표현하기 어렵고, 사람들과의 관계를 부끄럽고, 어려워하는 사람이다. 상처받지 않으려고 피하고부터 보는 겉만 자란 어른이다. 이런저런 일들과 함께 매일의 나를 깨닫고,

느끼며 어제보다는 더 나은 사람이 되고자 한다.

 그럼에도 이런 나를 좋아해 주고, 곁에 있어주는 이들에게 너무 감사하다. 사람의 관계를 어려워하는 내가 혼자이지 않게 이끌어주고, 잊지 않고 나를 찾아주는 소중한 사람들이다. 그들을 통해 나라는 존재에 의미를 깨닫게 된다. 다른 사람의 기준에서 나를 바라보고, 나의 존재에 의미를 찾게 되는 수동적인 사람이지만, 앞으로는 나와 소중한 이들을 위한 조금 더 독립적인 좋은 사람이 되고 싶다.

핑계 찾는 호구 #두려움

 나는 종종 결단이 필요함에도 다른 사람을 핑계로 선택을 미룬다. 어릴 적부터 눈치를 봐왔던 성격 탓인지도 모른다. 오빠와 여동생이 있는 중간이다. 대부분의 집안이 그렇듯, 오빠는 첫째니까 더 예쁨받고, 동생은 막내니까 또 사랑받고, 그 사이의 난 눈치를 봤다. 맛있는 음식도 더 먹고 싶었고, 좋은 장난감도 갖고 싶었지만, 양보를 하면 '착하다', '어른스럽다' 하는 칭찬들로 설득받고, 위로받았다. 그리고 나아가 사람들과의 관계에서도 눈치를 본다. 함께 무엇을 먹을지, 어떤 걸 할지, 어디를 가는지 결정할 때도 내 의견은 나중이다. 그런 나를 지켜본 주변 사람들은 '마음이 착해서 그렇다'거나 '또 호구 잡혔다' 하는 말을 많이 한다.

 난 착하진 않지만, 호구 잡힌 것 같은 느낌이 싫다. 하지만 피해를 줄 것 같고, 나를 부정적으로 볼 것 같다는 생각으로 미루고, 또 미루다 손

해를 보는 사람이다. 이제는 더 이상 착한 아이로, 호구로 살고 싶지 않다. 원하는 것도 말할 줄 알고, 지금보다 조금 더 적극적이고, 여러모로 도전적인 사람이 되고 싶다.

이런저런 눈치를 보며 조금이라도 더 잘하고 싶은 마음이 더 큰 나는, 실패에 대한 두려움도 너무 크다. 그래서 새로운 것을 접할 때 무섭다. 요즘같이 비대면으로 하는 동영상 교육들이 많은 경우에는 마음 편히 시도한다. 하지만 그렇지 않은 경우에는 나 혼자서 못할까 봐 시작하기 전부터 걱정을 한다.

어릴 때 학교에서 뜨개질을 배울 기회가 있었다. 여러 친구들과 함께 배우는 거라 못하면 눈치가 보일 것 같았다. 조금 더 잘하고 싶었다. 바로 엄마가 생각났다. 엄마는 뜨개질과 바느질 같은 손재주가 많은 분이셨기 때문이다. 그래서 엄마를 졸라 손기술을 미리 배우고 갔다. 배우는 자리였는데도 말이다. 그날은 엄마 덕분에 칭찬을 받으며 더 재미있게 배울 수 있었다. 어떤 날에는 책을 읽고 토론을 하는 자리가 있었다. 주어진 시간 안에 책과 관련하여 자유롭게 의견을 주고받으면 됐다. 평소 잘 읽지 않던 장르였다. 그래서 나는 잠도 줄이고 지은이와 관련 책들까지 조사하여 참여했다. 잠과 맞바꿨지만 만족스러운 토론을 할 수 있었다. 어린 시절에 난 누군가와 스스로를 괴롭히며 마음의 안정을 찾았다.

 지금 생각해 보면 그렇게까지 할 필요가 있었을까 생각이 든다. 내가 아닌 타인한테는 몰라도 괜찮다고, 그럴 수도 있다고 말하면서 나 자신에겐 그러지 못했다. 내 머릿속에서 만들어낸 나를 향한 기준. 그렇게 눈치를 보며 핑계를 찾는 나. 앞으로는 나에게도 격려를 해주면서, 자신 있게, 다양한 걸 시도하고 배우고 싶다.

상처받지 않을 나 #다짐

어디에나 그런 사람 있겠지만, 내 주변에도 나에게 상처를 주고 힘들게 하는 사람이 있다. 내게 배려만을 요구하는 사람, 자신이 항상 옳다며 나를 무시하는 사람, 나에게 상처를 주고도 모르는 사람. 그런 사람들에게 '나 기분 나쁘다', '상처받았다'와 같은 감정 표현을 제대로 하지 못한다. 표현은 할수록 는다고 한다. 앞으로는 조금 더 솔직해지고, 나에게 긍정적인 결과를 가져올 수 있게 주변을 돌아보고 정리해야겠다.

이제는 조금 더 나를 위한 내가 되고 싶다. 타인에게 관대하길 노력하는 것처럼 나에게도 관대해지길. 혼자만의 생각으로 스스로를 괴롭히지 않길. 핑계를 찾지 말고, 표현하고 스스로 해낼 용기를 갖길. 눈치만 보며 상처받지 말고, 나를 위한 선택과 행동을 하면서, 앞으로의 나는 조금 더 행복해지길.

준비할 수 있는 이별 #죽음

 어렸을 때부터 부모님께서 여기저기 조문을 가시는 모습들을 보고 한편으로는 이해할 수 없었고, 왜 그러는지 신기했다. 잘 알지 못하였어도, 약간의 친분이 있어도, 건너 건너의 친척이라도 부모님은 찾아가 조의를 표하고 돌아오셨다. 슬픔은 함께하는 거라고, 나눈 만큼 나에게 돌아올 거라고 부모님은 말씀하셨다. 내가 누군가의 죽음에 조문을 다니기 시작하면서 이제야 어렴풋이 와닿기 시작했다.

 슬픔을 직접 목격하고, 그런 감정을 세세히 알아갔다. 나의 일이 아님에도, 나와 내 주변 사람들을 떠올리며, 아직 일어나지 않은 일, 그저 상상일 뿐이어도 슬퍼지고, 마음이 아프다. TV 프로그램을 보다가도, 책을 읽다가도 그런 슬픔이 느껴지는 건 마찬가지다. 그리곤 아무것도 하지 않는 때에도 문득문득 죽음에 대한 생각이 치고 나온다. 한 살 한 살 나이를 먹는다는 것은 그만큼 죽음에 가까워졌다는 뜻인가 보다.

 나에게도 언젠가 삶의 마지막이 올 것이다. 그 즈음의 나는 몇 살일까, 어떤 모습일까, 누구와 함께일까, 어디가 아프진 않을까, 다양하고 또 끊임없이 상상해 본다. 갑작스럽게 찾아왔던 내 소중했던 사람과의 이별. 아직도 그때를 생각하면 마음이 너무 아프다. 너무나 갑작스러웠기에 그 사람과 마지막 인사를 못 했음을 제일 후회했다.

 모든 사람이 태어난 순간부터 마지막을 향한 여정이 시작되었다곤 하지만 모두가 다른 삶, 다른 결말을 맞이한다. 마지막을 알고, 준비할 수 있다면 얼마나 좋을까. 후회와 슬픔은 불가피하겠지만. 마지막을 알고 서로를 떠나보낼 준비를 할 수 있다면, 나도 남은 이들도 조금은 덜 슬프고, 후회할 수 있지 않을까.

따뜻한 마지막을 바라며 #기억

 미래의 나를 상상하면 항상 긍정적인 기대를 품게 된다. 그리고 맞이한 모든 일에는 기쁨과 행복이라는 긍정적인 기분과 후회와 아쉬움 같은 부정적인 기분도 느낀다. 내가 완벽했다고 표현한 것들도 지나고 보면 보이는 아쉬움들로 그때의 내가 느꼈던 완벽한 감정이라는 것을 무너뜨린다. 그때는 그랬고, 지나고 보니 아닌, 그런 나날들이 많은데, 나의 인생은 얼마나 많은 후회와 아쉬움들로 채워질까 걱정이다. 행복한 것들로만 채우고 기억해도 좋을 텐데 내 머리는 더더욱 부정적인 것들을 먼저 떠올린다. 나는 지금보다 더 나이를 먹어도 후회하고 아쉬워할 게 많은 사람일 거라고. 과연 그런 완벽하지 못한 나를 마지막까지 기억해 줄 이가 있을까.

 그렇게 나는 따뜻한 마지막을 갖고 싶은 욕심이 생겼다. 그래서 앞으로의 관계 맺음에 있어 따뜻한 사람들을 만나고 싶다. 일에서든, 관계에서든 알아가는 시간이 필요하다. 익숙한 일 속에서도 항상 새로운 깨달음이 있고, 낯선 것들엔 항상 배움이 있다. 누구나 겪어야 하는 과정이기에 누구든 상처를 조금 덜 받았으면 좋겠다.

따뜻함은 서로를 배려하고, 이해하는 데서 나온다고 생각한다. 서로를 조금만 따뜻하게 대한다면, 모두가 상처를 덜 받고 행복할 수 있지 않을까. 그렇게 남에게 상처를 주지 않고, 배울 점이 많은 사람. 그래서 내가 존경할 수 있는 사람. 그렇게 서로에게 그런 사람이 되어준다면 삶이 조금 더 아름다워 보일 것 같다. 나도 그런 사람이 되려고 노력할 테니, 그런 따뜻한 사람을 만나고 싶다.

나중에 내가 죽었을 때 묘비를 가질 수 있을지 모르겠지만, 묘비가 있다면 이런 말들을 적고 싶다. 여기까지 오는 걸음 힘들지는 않았는지, 잘 지내는지 안부를 묻고, 모두가 잠시 머물다 가는 인생이기에, 우리는 곧 다시 만날 테니 조금만 슬퍼하자고, 언제나 고맙고 사랑하고 미안하다고 말하듯이. 그리고 작은 바람으로 내 사랑하는 이들의 마지막 인사가 함께 적힌다면, 그들의 사랑과 함께 내가 기억될 수 있지 않을까. 그렇게 나의 묘비는 따뜻한 마지막으로 기록되었으면 좋겠다.

끝이라 생각할 때 웃고 싶다

위기은

'아무거나'와 '그대 하고 싶은 대로'를 연발하는 사람. 하고 싶은 것, 먹고 싶은 것, 가고 싶은 곳 많은데 막상 하자고 하면 떠올리지 못해 외친다.

묘비

"찾아와줘서 고마워요. 오랜만에 웃음소리 듣고 싶네, 시원하게 웃어줘요."

내 땅도 없고, 어디에 묻힐지 모르는 나에게 묘비라니 고민했다. 묘비에 적힌 글은 묻힌 나를 찾아와준 이가 보는 글이기에 편하게 있다가 가벼운 마음으로 돌아갔으면 하는 바람을 담아 적어 보았다.

나는

어떤 사람인지 알다가도 모르겠다. "나, 이런 사람이야."라고 특정 짓기에는 떠오르는 단어가 없다. 어떤 이는 건드리지 않으면 좋은데 건드리면 미친년이라고 했고, 어떤 이는 한 번 잡으면 놓지 않는다며 독거미라 했다. 평화롭고, 다독여 주는 것을 좋아하는데 공적으로든 사적으로든 마음, 신경 어느 한 부분을 건드린다면 똥고집을 부려서라도 달려든다. 요즘 인내심을 강하게 만들고 싶은 버럭인으로 살고 있다. 몸과 마음이 지쳤는지 제일 소중하게 대해야 할 가족에게 욱! 버럭! 짜증을 낸다. 그러지 말아야지 마음속으로 다짐해도 어느 순간 와다다 큰 소리를 낸다. 점점 말투도 표정도 '화'로 변하고 있다. 어찌할 수 없는 상황임을 알기에 포기하고 화를 내지 않아도 될 텐데, 무엇 때문에 포기가 안 되는지 도무지 알 수 없다.

나를 필요로 하고, 반겨주고 있음이 느껴질 때

기분이 좋고, '나'를 생각해 본다. 나의 존재에 대해 생각할 때 가족의 반응이 제일 영향을 미친다. '나한테 이런 힘이 있었나?' 하고 웃는 날도 있고, '내가 태어나지 않았더라면 좋았을 텐데' 하고 우는 날도 있다. 우는 날보다 웃는 날이 많기를 바라본다.

 죽음 앞에서 후회도 미련도 없이 '이제 가련다' 하고 웃으며 눈 감고 싶다. 한때 내가 암에 걸린다면 치료받지 않고, 하고 싶은 걸 하며 자연스레 죽음을 맞이하겠다고 마음먹었었다. 결혼으로 혼자가 아닌 둘이 되고, 소중한 아들 찬찬이를 만나 셋이 되니 목숨이 셋으로 나누어진 느낌이다. 신랑과 있을 때는 시간 가는 줄 모를 만큼 즐겁다. 찬찬이가 자라는 모습, 자신의 삶을 꾸려가는 모습, 신랑과 내가 늙어가는 모습 등 보고 싶은 게 많고, 가고 싶은 곳, 하고 싶은 것, 먹고 싶은 것이 많아져서 건강하게 조금 더 살고 싶다. 아무도, 아무것도 없다 생각했을 때보다 지금은 아끼는 사람들의 앞으로의 모습이 궁금해서 죽음에서 멀어지고 싶다.

갈망하다

  종종 좋은 순간들을 떠올린다. 당장 실행할 수 없고 이루어질 수 없기에 간절히 바라는 마음을 담아 상상해 본다.

  완벽한 하루를 만나고 싶다. 새소리와 차 소리가 어슴푸레 들리는 새벽에 기지개를 켜고 따뜻한 차 한 모금 삼키고, 고요함을 느낀다. 지루하지도, 슬프지도, 기운 빠지지도 않은 시간을 보내고 '역시나' 혹은 '오늘도'라는 실망감에 사로잡힌 게 아닌, 보이지 않는 전화기 선을 타고 일상의 대화를 엄마와 주고받는 저녁에는 절로 입꼬리가 올라가고 마음이 숨 쉬고 있음을 알 수 있다. 이런 날에는 잠자리에 누우면 두둥실 몸이 떠 있는 것마냥 가볍고, 포근함으로 감싸여진 기분이다.

  바닥에 누워 고요함을 느끼고 싶다. 2년 전 모임에서 여행 갔던 날이 생각난다. 숙소에 입실

후 퇴실까지 각자 하고 싶은 것을 하면서 시간을 보내기로 했다. 아침에 산책하고, 현관 앞 테라스에 앉아서 햇빛을 맞던 여유로움이 낯설어 꿈을 꾸고 있는 것 같았다. 이런 여유를 느껴도 되나, 가만히 앉아서 새소리와 강아지 소리를 듣고 있어도 되나 고민했다. 고민 중에도 마음 한편은 생각을 멈춘 듯 고요하고 편안한 느낌이었다. 그날의 고요함과 편안함을 다시 만끽하고 싶다.

여행을 떠나고 싶다. 훌쩍 떠날 수 없는 요즘, 어디든 떠날 수 있다면 기분이 새로울 것 같다. 외국도 좋지만 언어가 되지 않아 무섭고, 우리나라 이곳저곳 다녀보고 싶다. 뚜벅뚜벅 걷거나 자전거를 타거나 이동 수단을 바꿔가며 다닌다면 매 순간 색다른 느낌의 여행일 것이다. 여행 다녀온 사람의 소식이 들리면 부러움 한가득인데 다녀올 상상을 하니 부러움이 사라지고 두근거린다. 여행을 떠난다면 얼마나 신이 날까.

부자랑 친해지고 싶다. 돈이 많은 사람도 좋지만, 마음이 부자인 사람이랑 친해지고 싶다. 밝은 에너지가 가득하고 사부작 부지런히 움직이는 사람과 친해지고 싶다. 움직이고, 배우고 싶은 마음은 가득한데 몸과 머리가 따라주지 않는 내 옆에 그런 사람들이 있다면 한 발짝 나서는 일이 힘들지 않을 것 같다. 그들처럼 가볍게, 알차게 하루를 채우고 싶다.

 부자가 되고 싶다. 신랑과 함께 결혼 기부를 했다. SNS에 결혼 기부 소식을 올리고, 축하해준 사람 수×1,106원(11월6일 의미)을 기부했다. 그날 이후, 매년 신랑이랑 '우리가 할 수 있는 것'을 고민한다. 주머니는 가난할지 몰라도 마음은 부자이고 싶다. 도움을 받은 만큼 도움을 주고 싶어서 적은 금액이지만 지역주민의 자립을 지원하는 자활센터를 비롯해 지역아동센터, 국제구호단체, 의료구호단체, 환경단체 등 다양한 곳의 기부를 하고 있다. 종종 소식이 들리면 미소가 지어지고, 가슴 한편이 따뜻해지는 기분이다. 우리를 보고 멋진 일을 하는 것 같아 자신도 함께했다는 이도 있고, '정말 멋진 부부'라고 말해주는 이도 있다. 잘 보이지 않더라도 주변에 선함을 퍼트릴 수 있음에 기분이 좋고, 봐주심에 감사하다. 작은 마음이지만 꾸준히 우리의 온기를 전하고 싶다.

건강한 엄마가 되고 싶다. 건강과 체력이 내 삶에 꼭 필요하다. 이 두 가지가 부족하니 일상이 무너지고, 삶에 있어서 불안함이 자꾸 든다. 한번 잃으니 되찾는 게 어렵다. 이젠 찾는 게 아닌 다시 바닥에서 만들어내야 하는데 깔끔한 바닥이 아닌 이곳저곳 구멍 나고 삐뚤어진 상태라 채워 올리는 게 쉽지 않다. 건강과 체력을 만들어서 덜 후회하는 삶을 살고 싶다. 원하는 것을 하고, 덜 후회하는 삶을 살기 위해서 건강해야 함을 알고, 운동을 해야 한다는 것도 안다. 운동하지 않은 것에 대해 후회하면서도 자꾸 미루고, 여러 가지 이유로 못했다고 합리화시키는 내가 답답할 때가 있다.

사뿐하게 요가하고 싶다. 출산 후 허리와 왼쪽 다리에 통증이 생겨 허리를 굽히거나 다리를 쭉 뻗는 게 어렵다. 체력을 기르고, 자세를 바르게 하면 통증이 사라질까 싶어 몇 달을 고민한 끝에 요가원에 등록했다. 처음 듣는 요가 용어들이 낯설고, 움직이지 않는 몸에 놀랐다. 찌릿찌릿 느껴지는 통증이 도대체 몸을 어떻게 한 거냐며 나무라는 것 같아 할 때마다 울컥한다. 다운독 자세와 다운독 자세 후 손 사이에 발을 사뿐하게 들여놓는 것을 못 하는 게 제일 마음에 걸린다. 다운독은 강아지가 기지개를 켜는 자세를 연상하면 되는데, 허리를 굽혀 발바닥과 손바닥으로 바닥을 꾸욱 누르며 엉덩이를 하늘 높이 들어 올려 삼각형을 만들어야 한다. 이때 팔 사이로 머리와 가슴을 내밀고 다리는 쭉 펴져야 하는데 다리 통증으로 구부정하다. 엉덩이를 살짝 들어 올리며 양손 사이에 발을 한 번에 놓아야 다음 동작을 할 텐데 힘이 부족해서인지, 유연하지 못해서인지 여러 번 발을 움직여야 한다. 스윽 움직이는 소리가 날까 말까 하는 고요한 분위기에서 들리는 나의 "홉", "윽" 숨소리와 "툭" 몸을 움직이는 소리가 창피하다. 여린 숨소리를 내쉬고 가볍게 움직이는 날을 상상하며 열심히 움직이고 있다. 지금 의욕이 가득해서 매일 가지 못하는 게 아쉽다. 잘하고 싶은 마음과 꾸준히 하겠다는 의욕으로 나를 돌보고 싶다.

생각하다 보니 참 나에게 바라는 점이 많다. 나라서 만족했던 날도 있는데 기억나지 않는 게 씁쓸하다. 수많은 바람 중 작은 것에도 감사하고 기뻐할 줄 아는 사람, 골반과 척추를 세우고 건강하게 움직이는 사람, 나를 알고 나를 돌보는 사람이길 바란다. 힘듦이 찾아오더라도 하하 웃어버리는 고운 자연인이고 싶다.

움직이다

 봄을 기다린다. 따뜻한 봄날에 움직임이 수월해져 많은 것이 변할 것이다. 나와 신랑, 아들 찬찬이의 생일이 봄에 있고, 따뜻한 봄이 오면 산책도 하고 새싹, 꽃, 뛰노는 형누나들 모습 등 찬찬이에게 보여줄 게 많아 기다려진다. 8개월 찬찬이는 배밀이가 한창이다. 봄이 올 때쯤이면 찬찬이도 걸음을 한 발짝씩 떼고 있지 않을까. 아장아장 걷는 모습은 얼마나 예쁠까. 얼른 신랑이랑 찬찬이랑 따뜻한 햇살 맞으며 놀고 싶다. 6개월 후 엄마이자 직장인으로서 하루를 살아가고 있을 것이다. 찬찬이 볼 생각을 하며 이전보다 일 처리를 잘하고, 시간을 알차게 쓰고 있을 것이다. 어느새 또 '퇴사하고 싶다'는 생각을 할 수도 있지만, 이제 입에 담기에는 무거워졌다. 부지런히 살아야 한다.

 루틴을 만들고 싶지만 자꾸만 실패하는 내가 반드시 하는 일이 있다. 하나는 신랑이랑 하는 메신저에 일정을 등록하는 일이다. 알람을 설정하고, 해야 할 일을 적어두는데 깜빡 잊어버리는 일이 잦아져 추가했다. 신랑에게 말하는 것도 잊어버릴 만큼 정신없어서 해야 할 일이 있다면 사소한 것일지라도 바로 입력해 놓는다. 수시로 신랑이 확인해 주기 때문에 못 해서 넘어가는 일이 줄었다. 또 다른 하나는 아침에 입을 헹구는 것과 영양제를 챙겨 먹는 일이다. 아침에 일어나면 양치질을 했는데, 육아를 하면서 어려워졌다. 아이가 잠에서 깨면 울기 때문에 양치질을 하기엔 시간이 짧아 물로만이라도 입을 헹군다. 출산 전에는 시간에 맞춰 영양제를 챙겨 먹었는데, 지금은 오전에 먹어야 할 영양제는 못 챙겨 먹어도 저녁 약은 꼭 챙겨 먹는다. 완벽하지 않지만 조금이라도 해내니 아이에게도, 나에게도 덜 미안하다. 그나마 다행인 것이 아이는 커간다는 것, 그리고 차차 나에게도 취미생활을 할 수 있는 여유가 생긴다는 것이다.

취미라고 말할 게 없다. 언제부터인가 진득하게 하지 못하고 작심삼일로 그치는 일들이 대다수이다. 재미 붙여서 취미라고 말하는 날에 가까워지고 싶기에 2024년에는 글쓰기와 운동을 꾸준히 할 것이다. 매일 맞이하는 하루가 얼마나 재미있고 새롭게 느껴질까. 내가 예쁘게 보일지도 모르겠다. 글쓰기와 운동이 습관적인 움직임이 되었으면 좋겠다. 배우려는 마음과 시도하는 마음을 가지고 미루지 않고 조금씩 움직이다 보면 지금보다 나아진 나를 만나고, 웃음이 날 것이다.

찬찬이가 연탄 한 장을 들 수 있을 때 신랑과 찬찬이와 함께 '연탄 봉사'를 다녀올 것이다. 연탄을 나르는 건 말에 행동을 더하여 온기를 직접 전달하는 일처럼 느껴져 꼭 하고 싶다. SNS로 소식을 접할 때면 얼굴에 연탄이 묻은 채 웃고 있는 사람들이 아름다워 보이고, 함께 하고 싶은 마음이 마구 든다.

먼 훗날 아들이 자신의 길을 걸을 때 활기차게 살아가는 모습을 보여주고, 아들의 삶을 응원해주고 싶다. 살아가면서 즐거움만 느끼면 좋겠지만 갈망하는 것들을 해내기에 어려움도 따를 것이고, 삶이기 때문에 눈물 나는 날들도 있을 것이다. 어려움에 묻히지 않고 웃음으로 겪어내는 모습을 아들에게 보여줄 것이다.

다 없애고 하나만 남긴다면 무엇을 남기겠냐는 질문에 신랑을 남기고 싶다고 답했다. 아무도, 아무것도 없는 상황에서 신랑과 함께라면 덜 무섭고, 무엇이든 찾고 만들어내서 살아질 것 같다. 신랑은 자신이 생각하지 못한 변수가 생길 때면 가끔 누가 일시 정지를 누른 것마냥 잠깐 생각이 멈춰버리는데 그땐 내가 조금 더 어슬렁거리고, 이 또한 즐기기로 마음먹는다면 못해낼 게 없을 것 같다. 우리의 모습을 보고 자란 아들이 용기 있고, 즐겁게 자신의 삶을 가꾸어 나가길 바란다.

웃으며 하는 말

 20대에는 몹쓸 병에 걸리면 마음이 가벼워질까 생각했고, 30대에는 소중함을 만나 죽음에서 멀어지고 싶었다. 덜 후회하고 미련을 조금만 남기기 위해 설렘으로 해를 맞이하고, 차분함으로 달을 보았다. 하루를 신나게 움직이고 감사함을 느끼는 밤이 모여 따뜻한 온기에 감싸일 수 있었고, 세월이 흘러 죽음을 맞이할 때 따뜻한 온기를 품고 갈 수 있어 참 좋다. 그때 나는 말하겠지.

 "허허, 이제 가련다."

좋은 기억으로 내 삶을 채우고 싶어

내일이 두렵지 않게 오늘을 산다

작가의 말

작가의 말. 김정현

 산 중턱에 살아야 웃음 짓는 함박꽃이, 회사 안 도시 정원에 심겨, 때가 되면 아름답게 꽃향기를 피운다. 그러나 이내 시들고 스러지면 볼품이 없다. 하지만, 이듬해에 하얀 꽃 속에 분홍빛을 드리우고 피어난다. 함박꽃을 눈에 담으며, 내 신산한 삶 앞에 마음을 가다듬었다. 잠깐의 향기일지라도, 함박꽃의 좋은 향기가 독자들에게도 피어나기를 간절히 바란다. 꿈의 향기를 위해 고생해 주신 '새벽감성1집' 대표 김지선 작가님에게 감사를 드리며, 함께 감성을 공유해 주신 동료 작가님들에게도 감사를 전한다.

김정현 Instagram @wingchun.mountains

작가의 말. 서향라

　내 안의 바다로 떠나 본 적이 있는가? 미뤄둔 숙제처럼 잊고 있었다면 용기를 내어 그 바다로 찾아가 보길 바란다. 오래 깊숙이 숨겨져 있던 마음의 파장이 당신을 이끌어 줄 것이다. 끝없는 도전의 변화를 즐겨보기를 바란다.

서향라 Instargram @ideamaking.sol

작가의 말. 오영주

예전에는 새로운 시작이라면 긴장되고 설레었다. 여러 시작과 끝을 겪고 나서는 시작은 끝을 함께 내포한다는 것이 이제는 당연하다. 우리 모두가 설레는 시작이 있었고, 후회와 아쉬움을 가진 마지막을 가지고 있다. 삶이 존재하는 한 반복될 시작과 마지막, 그리고 내일을 향한 기대. 그렇게 맞이하게 될 나의 마지막을 상상해 본다.

오영주 Instagram @0youngju_das

작가의 말. 위기은

'답은 너에게 있어'라는 말이 있지만 나에게 답을 듣는 건 어렵다. 그럼에도 괜찮냐고 물어보고 싶은데 왈칵 눈물이 쏟아질까 봐 다른 질문을 했다. "내가 무얼 해줬으면 좋겠니?" 해줄 수 있는 무언가를 알게 되는 건 기쁜 일이고, 할 수 있음에 기분이 좋아진다. 나와 같이 물어보고 기분이 좋아지길 바라본다.

위기은 blog @kieun333

작가의 말. 이서정

어떤 사람이 되고 싶은 걸까. 하얀 도화지 위 군데군데 수채화처럼 옅은 물방울 몇 개만 찍어 두고는 붓을 들고 멍하니 서 있다. 걸어온 발자취에 남겨진 삶의 의미도 읽어보고 나를 돌아보며 앞으로 나아갈 원동력도 손에 얻었다. 하지만 먼 훗날의 내 모습은 많은 질문의 답에서도 찾을 수 없었다. 미래의 내 모습과 꿈꾸는 미래, 어떤 생각을 하며 누구와 시간을 보내고 있는지 바로 답할 수 없었다. 질문들을 서로 이어 보았다. 점들이 이어져 꿈꾸는 내 모습이 드러났다. 이제는 분명하게 덧붙여 그려져 갈 내일이 기대된다. 그 시간을 함께할 당신에게 무한한 사랑을 보내며.

이서정 brunch @akimasa

작가의 말. 홍지혜

 머릿속에 생각이 정말 많은 사람이 꿈을 꾸기 시작하면 그 꿈은 얼마나 커지고, 무거워질까. 학창시절 너무나 빨리 부풀어 올랐던 그 꿈들은, 세상 밖으로 꺼냈다가 조금만 상처가 나도 쉽게 터지고 깨지기 마련이었다. 빠르게 흐르는 시간은 종종 그런 상처를 아물게도 했지만, 끝나지 않는 미래는 두렵다. 금방 제조되지만 시간이 조금만 지나도 그 맛이 쉽게 변하는 커피도 그렇다. 다만 그런 커피를 마시는 동안 시간은 느리게 흐르는 듯하다. 퀵 커피 슬로 타임! 어제 지나간 시간, 오늘 해야 할 일, 내일을 위한 고민을 읊으며 매일 스스로에게 작은 질문을 던진다.

작가의 말. 희주

 이 글을 쓰고 며칠 지나지 않아 직장에 복귀했다. 퇴근하고 글을 다시 읽어보니 쉴 때의 내 모습이 어지간히도 참 좋아 보인다. 스스로를 변화하기 위해 이것저것 도전하고 실행할 수 있었던 자신에게 부러움을 느끼고 있다. 그때의 다짐을 계속 가져가고 싶은데, 벌써 게을러지고 싶은 충동이 든다. 책이 나오면 챙기고 다니면서 틈틈이 다른 작가님과 내 글을 읽어야겠다. 쳇바퀴 같은 현실 속에서도 희망을 잊지 않도록.

희주 Instargram @thsxor5

| 좋은 기억으로 내 삶을 채우고 싶어
| 닫는 글

 좋은 기억으로 삶을 채우고 싶다고 말하면서도 막상 어떻게 해야 할지 몰라 그저 시간을 보내기만 했다. 하고 싶은 것이 많았던 옛 시간을 잊은 채, 현실의 벽 앞에 아무것도 못 한다고 좌절하며 살아가기만 했다.

 그래도 한 번쯤, 죽음이 두렵지 않게 오늘을 살아보자고 펜을 들었다. 그리고 미래의 나에게 하고 싶은 이야기를 현재의 시간을 빌려, 과거의 기억을 떠올리며 적었다. 시인의 꿈, 읽고 쓰는 삶, 나만의 길, 루틴, 엄마의 삶, 꿈꾸는 일상 등 거창하지 않지만 사소하지도 않고, 사사롭지만 기대가 되는 우리의 이야기가 그렇게 모여 한 권의 책이 되었다.

 정성스럽게 살아도, 고달프게 살아도 힘든 게 삶인데, 어차피 힘들다면 그냥 하고 싶은 거 하고 사는 게 낫지 않을까. 내 존재가 살아 있음을 잊지 않기 위해 꿈을 꾸며 살면 되지 않을까. 그렇게 매일을 채우다 보면, 죽음 앞에서 잘 살고 간다고 웃으며 세상과 인사할 수 있지 않을까.

 이 책을 읽은 누군가도, 잔잔하게 삶이 흔들리면 좋겠다. 무언가 확실한 변화가 느껴지지 않다고 해도, 내일을 꿈꾸는 마음이 달라지는 것만으로 충분할 것이다. 좋은 기억으로 하루를 채우고자 하는 마음만으로도 우리의 내일은 아름다울 것이다.

"우리, 함께 꿈꾸며 살아요!"

멋진 내일을 기다리며,
김정현, 서향라, 오영주, 위기은, 이서정, 홍지혜, 희주

좋은 기억으로 내 삶을 채우고 싶어

1판 1쇄 발행 | 2024년 3월 1일

지은이 | 김정현, 서향라, 오영주, 위기은, 이서정, 홍지혜, 희주

편집.디자인 | 새벽감성
발행인 | 김지선
펴낸 곳 | 새벽감성, 새벽감성1집

출판등록 | 2016년 12월 23일 제2016-000098호
주소 | 서울 양천구 월정로50길 16-8, 1층 새벽감성1집
이메일 | dawnsense@naver.com
블로그 | blog.naver.com/dawnsense
인스타그램 | @dawnsense_1.zip
전화 | 070-4300-1209

*책값은 표지에 있습니다.
*잘못된 책은 구입처에서 교환해 드립니다.
*이 책의 사진과 글의 전부 또는 일부를 발췌하거나 인용하려면
 반드시 새벽감성 출판사의 동의를 얻어야 합니다.